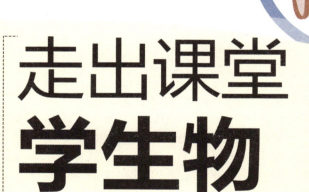

# 走出课堂
# 学生物

陈菊英　金虎成 ◎主编

民主与建设出版社
·北京·

**图书在版编目（CIP）数据**

走出课堂学生物 / 陈菊英，金虎成主编. — 北京：
民主与建设出版社，2019.10
ISBN 978-7-5139-2665-2

Ⅰ. ①走… Ⅱ. ①陈… ②金… Ⅲ. ①生物课—实验
—初中—教学参考资料 Ⅳ. ①G634.913

中国版本图书馆CIP数据核字（2019）第211684号

**走出课堂学生物**
ZOUCHU KETANG XUE SHENGWU

| | |
|---|---|
| 出 版 人 | 李声笑 |
| 主　　编 | 陈菊英　金虎成 |
| 责任编辑 | 刘　芳 |
| 封面设计 | 姜　龙 |
| 出版发行 | 民主与建设出版社有限责任公司 |
| 电　　话 | （010）59417747　59419778 |
| 社　　址 | 北京市海淀区西三环中路10号望海楼E座7层 |
| 邮　　编 | 100142 |
| 印　　刷 | 北京虎彩文化传播有限公司 |
| 版　　次 | 2022年6月第1版 |
| 印　　次 | 2022年6月第1次印刷 |
| 开　　本 | 710毫米×1000毫米　1/16 |
| 印　　张 | 9.25 |
| 字　　数 | 167千字 |
| 书　　号 | ISBN 978-7-5139-2665-2 |
| 定　　价 | 45.00元 |

注：如有印、装质量问题，请与出版社联系。

# 编 委 会

# 感受生物的芬芳

学生厌倦了单一枯燥的刷题模式和禁锢于教室的常规课堂，生物还能怎么学？这是陈菊英老师近十年来一直在研究的一个问题。

最有价值的知识是关于方法的知识。本书以人教版初中《生物学》教材的基础实验为依托，在材料和方法上加以创新，并根据校情与学情，将生物学理论与生活实践结合起来，进行必要的拓展和延伸，让学生在实践中加深对核心知识的理解与应用，更重要的是学生在动手实践的过程中，能够培养他们的科学素养和创新能力，通过解决生活中的实际问题培养学生的社会责任感。

本书分为四个板块："细观察""勤动手""巧实验""深研学"。"细观察"主要引导学生观察生物体的形态结构与生活习性，提高学生的观察能力，渗透结构与功能相适应，生物与环境相适应等生命观念。"勤动手"侧重于各种测量、解剖、模型制作与种养殖等活动，培养学生的动手能力，提高学生的实践水平。"巧实验"主要涉及对照实验与模拟实验，培养学生科学探究的能力，养成严谨、严密的科学思维。"深研学"主要引导学生走进大自然，学会关注大自然的每一种生命现象，体会大自然的美与神奇，学会欣赏美与创造美，培养学生的创新精神，增强学生的社会责任感，提高学生的综合素养。

该书有如下几个特点：

## 1. 标题有趣味

比如"深藏不露的气孔""游动的'草鞋'""简单生物不简单""张牙舞爪的使者""蜗牛'喝酒'不再'牛'""酵母菌'吹'气球"等，有的标题揭示了其形态结构以及生理特征，有的表达了它的生活习性以及与人类的关系，趣味性的标题往往能够吸引学生的眼球，提高学生的兴趣，使学生"想做"。

**2. 实验有创新**

书上选取的实验有几个特点：其一，材料有创新，如"探究水分进入植物体内的途径"时，选取苎麻做材料特别明显，主要源于苎麻的叶片背面是白色，利于观察叶脉的颜色变化，同时苎麻的韧皮部与木质部很容易剥离，水分在茎内的运输途径看得很清楚。其二，方法有创新，"探究种子萌发的条件"改做芽苗菜，学生在培育芽苗菜的过程中自然就会体验到种子萌发的环境条件，而且可以进一步观察植株的生长，甚至还可以用长大的幼苗进行其他的科学探究实验，所有实验的选择，经过创新改进后现象更明显，使得学生更有成就感，兴趣更加浓厚。

**3. 简单易操作**

编者考虑到各学校硬件设施参差不齐，学生素质有别，课业负担也比较重，所以在设计实验时尽量做到材料来源于日常生活，过程简便，降低难度，而且耗时较短，如"酵母菌'吹'气球"，在气温比较高的天气做，几分钟就可以看到明显的实验现象。因为只有将实验难度降低，学生才会由"想做"→"能做"。

**4. 过程好呈现**

在设计编辑实验时，编者用文字、表格、图片等多种形式让学生呈现整个实验过程，既有利于培养学生严谨的科学素养，又便于教师反馈与评价。

**5. 典例有链接**

出版本书的目的就是培养学生的核心素养，提升学生的综合能力。所以，每个实验的后面会有相应的训练对学生进行评价，训练题主要来自作者的原创或者改编，背景题材来源于本次实验、学生生活、社会热点以及前沿科学，题型与中考接轨，避免学生为做实验而做实验，要让学生完整地经历由理论到实践，再由实践进一步升华到理论的认知过程。

**6. 思维有拓展**

科学无止境，做完了实验要引导学生思考与交流，探讨进一步改进的方法，或者解释在实验过程中出现的新状况，以此培养学生的发散思维，拓宽学生的视野，使学生由"想做"→"能做"→"善做"。

**7. 成果有展示**

最后一个环节是针对与主题相关的生物学知识让学生进一步得到巩固与强

化，但作者避开了呆板的填空模式，而是让学生以故事、顺口溜、歌曲和漫画等多种形式加以创新呈现，这既能充分发挥学生的个性特长，培养学生的创新意识，又能提升学生的自信心，增强学生的获得感与成就感，让学生在轻松愉悦的氛围中学习，使学生"乐做"。

巴斯德曾说："在观察的领域中，机遇只偏爱那种有准备的头脑。"在你开展科学探究之前，此书将会提供给你一丝灵感和指导，但无论你准备得多么充分，科学探究的过程，总会遇到种种坎坷和阻碍。爱因斯坦告诉我们："一个人在科学探索的道路上，走过弯路，犯过错误，并不是坏事，更不是什么耻辱，要在实践中勇于承认和改正错误。"正视错误，反思总结，不断改进，真理也是在一次次的犯错中才拨开迷雾见真知。该书正是用这种理念引领学生在科学的道路上执着前行。

一位有情怀的好校长培养了一位有情怀的好老师，一位有情怀的好老师又带领了一批有追求的优秀青年教师，在编辑本书的过程中，得到了雅境中学金虎成校长的大力支持与指导。因为所有内容都是作者原创，所以其中难免有一些方面有考虑不周之处，还望大家不吝斧正！

走出课堂，一片芬芳。学习生物，致知力行。

湖南省长沙市教育科学研究院副院长　孔春生

2019年9月23日

# 坚守初心　不问西东

习近平总书记说："一个人遇到好老师是人生的幸运，一所学校拥有好老师是学校的光荣，一个民族源源不断涌现出一批又一批好老师则是民族的希望。"陈菊英老师就是长沙市雅境中学无上的光荣。

长沙市雅境中学是2016年经长沙市人民政府批准，由雨花区人民政府与雅礼中学、南雅中学联合创办的一所高起点、高品位区属公办初级中学。2017年，因为学校发展的需要，我们从区内引进了一批名优骨干教师，陈菊英老师就是其中一位。

陈老师加入长沙市雅境中学之后，校园里开始有了一些独特的风景：成群的学生在校园各个角落寻找鼠妇，带着父母一起做实验；雅境的孩子们在享受美味的晚餐之前，会先跟父母一起把食材进行解剖，并且加上标注；学校开辟出一块生物教学的"秘密花园"，总有一群热爱生命的老师和学生在这里辛勤耕耘。2017年9月19日，长沙市雅境中学官方公众号发布了一篇推文《和雅境的老师一起把生物玩起来！》，引起强烈反响，《湖南教育》以《特色作业设计，活化学校课程建设》为题，对我校的特色作业设计进行了推广。一时之间，向生物组学习，让教学更接地气、更有创意成为雅境教育教研的新风尚。

和雅境所有的老师一样，我对于陈菊英老师的敬佩不仅仅局限在课堂教学方面，而是她将课堂无限扩大，让教育在生活中完成，点亮了学生关注生命、热爱生命的眼睛，是雅境生命化教育的真正践行者。

为了提高学生的兴趣，培养学生的综合能力，她在生物教育教学实践中首先自己默默地尝试与探索，她创办了"生物兴趣社"，尝试将学生带出课堂，走进大自然，她发现学生感受到了生命成长的美好与快乐；她尝试将教材上的课外实验进一步创新完善，让学生的学习空间拓展延伸到日常生活中去；她尝试打破单一的作业模式，开始要学生撰写实验报告，引领学生将生物知识当歌唱，当故事来讲，当诗词来颂，当漫画来画……在这种尝试与坚守中，她发现孩子们开心了，尤其是以前因成绩不太好而比较自卑的学生脸上露出了灿烂的笑容，他们因此开始爱上了生物学；她发现家长们开心了，因为他们跟孩子多了很多互动的机会，家里多了很多其乐融融的亲子画面……这些对陈老师来说就是丰厚的回报，于是她更加坚定了自己的信念，义无反顾，不问西东，一坚持就是十年。

从2015年开始，她开始不满足于将部分学生带出课堂了，她想让所有学生都能走出课堂，亲近大自然，去探寻多姿多彩的生命现象。于是她在学校开辟了一片生物教学实践园地，还带领本备课组的老师跟她一起在教育教学中继续进行创新研究，进一步完善了生物兴趣社的制度，将"生物兴趣社"正式更名为"萌芽生物社"，建设了生物兴趣社的特色文化，为了激发师生的创新意识，提高师生的创新能力，她创办了学校第一本教学刊物《快乐萌园》。

自2017年9月调入雅境中学后，一片崭新的教育教学新天地从此开始。学校为了支持生物教学，在校内开辟出一块200平方米的空地作为生物教学基地。陈老师欣喜若狂，她亲手设计图纸，发动学生为基地"题名"，一个多月的时间，一个精致实用的生物教学实践园地——萌园就这样落成了。从此，这个萌园就像陈老师幼小的孩子一样，不论是节假日，还是周末，四季轮换，寒来暑往，在萌园都有陈老师辛勤耕耘的身影。2018年7月2日，长沙市雨花区"陈菊英生物（中学）工作室"揭牌仪式在长沙市雅境中学隆重举行，她作为工作室的首席名师，在孔春生、高建军、谭志军等工作室各位专家顾问的精心指导下，她带领全区的生物教师开展了深入的课题研究，于是，《走出课堂学生物》应运而生。

《走出课堂学生物》是陈老师主持的长沙市规划课题"在初中生物教学中培养学生的核心素养"的研究成果，更是陈老师几十年如一日教育实践探索的成果，同时它也像一束光芒，引领辐射其他教师的教育教学。能够看到越来越多的教师与陈老师一起坚守初心，心无旁骛，携手共进，这是雅境之福，学生之福，更是教育之福！

湖南省长沙市雅境中学校长 金虎成

2019年9月24日

# 1 板块一 细观察

# 2 板块二 勤动手

**3 板块三 巧实验**

**4 板块四 深研学**

板块一

1

细观察

# 深藏不露的气孔
## ——观察叶片上的气孔

长沙市明德雨花实验中学 张文静

**兴趣导语**

有一种植物，在空气温暖潮湿、土壤水分充足的条件下，便会产生吐水现象，水从叶子的尖端或边缘向下滴，因此叫作滴水观音。你知道是怎么回事吗？

## 一、目的要求

1. 进一步熟悉临时装片的制作方法。
2. 通过实验观察气孔，尝试描述气孔的组成。
3. 进一步理解气孔的功能，形成生物体结构和功能相适应的生命观。

## 二、材料用具

翠叶芦荟的叶片、镊子、载玻片、盖玻片、滴管、清水、显微镜。

## 三、方法步骤

**步骤一**：用洁净的纱布擦拭玻片。

**步骤二**：滴清水。

**步骤三**：取材。用镊子小心地撕取芦荟上表皮。

**步骤四**：展平。

**步骤五**：盖盖玻片。

**步骤六**：用吸水纸吸去多余的水，观察。

## 四、作品展示

绘制你在显微镜下观察到的芦荟上表皮气孔示意图，并试着描述它的特点。

## 五、师生评价

| 内容 | 自评 | | | 互评 | | | 师评 | | |
|------|------|------|------|------|------|------|------|------|------|
| 等第评价 | 优 | 良 | 合格 | 优 | 良 | 合格 | 优 | 良 | 合格 |
| | | | | | | | | | |
| 改进之处 | | | | | | | | | |

## 六、自我检测

小萌为探究不同生长环境下不同植物气孔的分布状况，测定了几种常见植物叶片上、下表皮的气孔数目，见下表。请根据表格回答下列问题：

| 植物 | 生长环境 | 上表皮气孔数<br>（每平方毫米平均数） | 下表皮气孔数<br>（每平方毫米平均数） |
|------|----------|----------|----------|
| 苹果树 | 果园 | 0 | 294 |
| 豌豆 | 菜地 | 101 | 216 |
| 玉米 | 菜地 | 94 | 158 |
| 睡莲 | 池塘 | 625 | 3 |

1. 从上表可见，陆生植物比水生植物气孔总数_____。这一特点对陆生植物的意义是_____。

2. 睡莲与其他三种植物叶片上、下表皮气孔的分布有何不同？_____

_____。

3. 气孔由_____组成，空气中的氧气和二氧化碳都可通过气孔进出叶肉细胞，由此可见，气孔是植物叶片与外界进行_____的门户。

## 七、拓展延伸

自然界中的植物千万种，是不是所有的植物叶片气孔分布都是一样的呢？试着用商陆、天竺葵等材料试一下吧！并统计其上、下表皮气孔分布的数量，看是否有差异。

## 八、学法指导

完成一幅有关叶片的作品

作　　者：陈泽瑜　　　　　　《神秘的气孔》摄影照片
指导教师：赛　男　　　　　长沙市明德雨花实验中学　张文静

**教师点评**

　　通过简单的绘画将叶片与树枝结合在一起构成一只活灵活现的蝗虫，机智又具有创造性。大家可以尝试动动手，让叶子活起来。

　　第二幅照片向我们揭开了显微镜下气孔的神秘面纱，两个保卫细胞，多个叶绿体，小小的结构发挥着巨大的作用！

# 游动的"草鞋"
## ——观察草履虫

长沙市明德雨花实验中学　张文静

**兴趣导语**

　　懒惰、痴呆的人常被比喻成单细胞生物——草履虫。真正的草履虫是怎么样的呢？

## 一、目的要求

　　1. 观察草履虫的形态结构和各种生命现象，形成结构与功能相适应的生命观。

　　2. 尝试画出草履虫的结构示意图，提高生物绘图能力。

　　3. 通过观察单细胞生物可以独立完成生命活动，认同细胞是生物体结构和功能的基本单位。

## 二、材料用具

　　普通草履虫培养液、添加食用色素的草履虫培养液、载玻片、盖玻片、洁净的纱布、吸水纸、棉花、滴管、镊子、显微镜、牛肉汁、食盐水。

## 三、方法步骤

　　**步骤一：**取洁净的载玻片，在载玻片中央滴一滴普通草履虫培养液，在培养液上放几根棉花纤维。

　　**步骤二：**盖上盖玻片，移至显微镜下观察。

## 四、作品展示

绘制你所观察到的草履虫形态结构示意图，并试着描述它的特点。

呼吸：_____

运动：_____

摄食：_____

消化：_____

生殖：_____

## 五、师生评价

| 内容 | 自评 | | | 互评 | | | 师评 | | |
|------|----|----|------|----|----|------|----|----|------|
| | 优 | 良 | 合格 | 优 | 良 | 合格 | 优 | 良 | 合格 |
| 等第评价 | | | | | | | | | |
| 改进之处 | | | | | | | | | |

## 六、自我检测

小丫做了观察草履虫的相关实验，根据实验回答下列问题。

1. 草履虫的生活需要氧气，在吸取草履虫培养液时应从培养液的_____层吸取。

2. 在显微镜下观察草履虫，应在培养液中放几根棉花纤维，这是为了_____

_____。

3. 小丫探究"不同营养液对草履虫培养效果的影响"，实验设计见下表。

| 组别 | 营养液种类 | 营养液数量 | 营养液温度 | 草履虫数量 |
|------|-----------|-----------|-----------|-----------|
| 甲组 | 稻草浸出液 | 500mL | 25℃ | 8只 |
| 乙组 | 牛奶营养液 | 500mL | 10℃ | 8只 |

下列选项中，对该实验的改进建议不合理的是_____。

A. 统一用稻草浸出液　　　　B. 营养液温度统一为25℃

C. 草履虫数量改为20只　　　D. 可设置用清水做培养液的对照组

4. 草履虫喜欢生活在有机物含量较多的稻田、水沟或池塘中。据统计，一只草履虫每天大约能吞食43200个细菌，所以草履虫可以起到＿＿＿＿＿＿＿＿的作用。

## 七、拓展延伸

1. 取一滴普通草履虫培养液制成临时装片，再取一滴添加食用色素的草履虫培养液制成临时装片，在显微镜下观察有什么不同，尝试解释为什么。

2. 取洁净的载玻片，分别在载玻片的两端各滴一滴草履虫培养液（如下图），用滴管在甲、乙载玻片的两个液滴之间轻轻一划，使两滴培养液连通。在两滴培养液边缘分别滴一滴牛肉汁、食盐水，观察会发生什么现象。

结果发现：草履虫逃避＿＿＿＿＿＿＿，趋向＿＿＿＿＿＿＿，说明食盐对草履虫来说是＿＿＿＿＿＿＿（填"有利"或"有害"）刺激，则可得出结论：＿＿＿＿＿＿＿＿＿＿＿＿＿＿＿＿＿＿＿＿＿＿＿＿＿＿＿＿＿＿＿＿＿＿＿＿＿＿＿＿。

## 八、学法指导

### 单细胞生物也具有智慧

虽然智慧是一种十分复杂难以定义的概念，我们却都明白具备一个大脑是生物具有智慧的生理前提。但是对于单细胞生物来讲，它们是否也存在智慧呢？

如果我们坚信智慧来源于大脑，那么答案就是否定的。不过，最近一项研究表明，情况比我们想象的要复杂，研究者们发现无脑的单细胞生物也具有学习的能力。

来自法国Toulouse大学的研究者们发现了一种单细胞黏状生物能够进行适应性学习。

这意味着单细胞黏状生物能够像更加复杂的高等生物那样，随着时间发展慢慢地学习如何躲避外界的刺激。例如，如果我们不小心触碰了高温火炉之后便会小心防止再次触碰，因为我们不想再被烫伤。

　　为了搞清楚其中的原理，该研究组利用一种叫作Physarum Polycephalum的生物（也被称为"多头黏菌"）进行研究。这种黏菌虽然是单细胞生物，但是能够聚集生长形成一种黄色的黏状淤积物。

　　研究者们将多头黏菌放置于一个培养皿中，并且通过窄桥与另外一个装满了美味的燕麦的培养皿相连。之后，他们在桥上随机放置了浓缩后的咖啡因，这会给黏菌造成不适。

　　一开始，黏菌不喜欢铺有咖啡因的窄桥上的路段，而且试图避开，这也理所当然，因为所有生物都会自发地躲避令自己不适的外界刺激。但是，经过几天的培养之后，它们能够十分熟练地选择没有咖啡因的路面前进。这表明这些生物从以往的经历中学到了躲避外界刺激的方法，从某种程度上说，这属于一种初级的智慧。

　　从进化的角度看，这意味着智慧比大脑的起源要早很多，尽管其表现形式与我们想象中的不太一样。该项研究除了能够为智慧的起源提供新的说法之外，研究者们还希望他们的研究成果能够应用于细菌与病毒等微型生命的内在运行机制，它们虽然看上去微不足道，但是对人类的生存与发展却有着不可小视的影响。

　　相关研究成果发表在Journal Proceedings of the Royal Society B杂志上。

### 教师点评

　　主动去查阅资料对于学生分析信息、处理信息的能力要求比较高，在这个过程中也能体现出学生识别、评价的批判性思维。在课堂上，学习的是基础的、比较系统的理论知识，如果课余时间学生能主动去了解相关的高科技、新发展，对于生物这门学科的学习会有很大帮助。

# 等待完美"分身"的血液
## ——观察血液的分层现象

长沙市雨花区石燕湖中学　李姣贤

**兴趣导语**

　　医生不但能通过抽取人的血液进行化验检测，判断人的健康状况，还能通过血液检测确定人的各种遗传信息。血液中有哪些成分？你能想办法将它们分开吗？

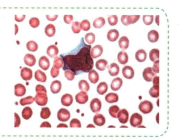

## 一、目的要求

1. 通过血液分层实验了解血液的组成成分，关注生命健康。
2. 尝试通过观察，描述血液的分层变化过程，提升观察能力。
3. 尝试推导血液分层的原理，培养学生的逻辑思维能力。

## 二、材料用具

鸡血、试管、柠檬酸钠、烧杯、清水。

## 三、方法步骤

**步骤一**：取两支试管，标号1号、2号。

**步骤二**：将新鲜鸡血与柠檬酸钠溶液充分混合（不能用玻璃棒搅拌），注入1号试管。

**步骤三**：向2号试管加入新鲜鸡血，不加柠檬酸钠溶液。

**步骤四**：将试管放到实验桌上静置，观察血液的分层变化情况。

## 四、观察现象记录

| 处理＼现象 | 刚开始 | 4小时 | 8小时 | 12小时 |
|---|---|---|---|---|
| 加入抗凝剂 | | | | |
| 不加抗凝剂 | | | | |

观察并记录血液的分层结果，比较各层成分所占比例和形状。

最上层大约占_____%，呈_____色。

中间层大约占_____%，呈_____色。

最下层大约占_____%，呈_____色。

## 五、师生评价

| 内容 | 自评 | | | 互评 | | | 师评 | | |
|---|---|---|---|---|---|---|---|---|---|
| | 优 | 良 | 合格 | 优 | 良 | 合格 | 优 | 良 | 合格 |
| 等第评价 | | | | | | | | | |
| 改进之处 | | | | | | | | | |

## 六、自我检测

1.警察让醉驾的人抽血检测酒精浓度，酒精存在于下列哪一血液成分中？（　　）

    A.红细胞　　　　B.白细胞　　　　C.血浆　　　　D.血小板

2.抽取血液做DNA测试，应该检测血液中的哪种血液成分？（　　）

    A.红细胞　　　　B.白细胞　　　　C.血小板　　　　D.血浆

3.被称为"人体卫士"的细胞是（　　）。

    A.红细胞　　　　B.白细胞　　　　C.血小板　　　　D.肌肉细胞

4.在血液分层后，中间的白色薄层中有_____和_____。

5.在做血液分层实验中，同学们进行了多种尝试。小明为了让血液和柠檬酸钠充分混合，用玻璃棒充分搅拌，再放到试管里静置。有人指出他的血液会出现凝固现象。果然如此。请你尝试说出小明实验中血液凝固的原因：_____

_____。

## 七、拓展延伸

1. 红细胞与氧气结合，会呈鲜红色。分别向已发生血液分层的量筒底部和血液凝固的血块中插入玻璃管并向其内吹入空气，会看到什么现象？

2. 据报道，某人经常大鱼大肉且酷爱夜宵，体检时医生发现他的血液颜色呈乳白色，这是血浆中哪种物质偏高的缘故？对此你认为怎样的饮食习惯才是有益健康的？

## 八、学法指导

### 血液版《卷珠帘》

作者：陈　昕　　指导教师：陈菊英

血细胞、血浆构成血液，繁忙运输，有病菌，想进军，却胆怯，被消灭，放眼望，白细胞发飙。血液长河中红色茫茫，红细胞特繁忙，运输氧，不能停，凹圆胖胖小盘状，细胞呼吸全靠它；啊——血管破裂，大出血，谁来止？啊——御医驾到，血小板争先显身手。

血液不仅有运输作用，更可防御保护，白细胞、红细胞、血小板加血浆，大家齐心协力保健康。

**教师点评**

这首歌很形象地概述了血液的组成成分。通过拟人化的描述，生动形象地描写了血浆、红细胞、白细胞和血小板的功能。学生只有在准确地认知了血液的相关知识后才能创作出这样的作品，也能让其他学生轻松地达成学习目标。

# 鱼鳍内错落的"运输管"

## ——观察小鱼尾鳍内血液的流动

长沙市长郡雨花外国语左家塘学校　袁爱华

### 兴趣导语

　　"鱼戏莲叶间"是夏日的美景。你知道吗，其实在鱼体内还隐藏着另一幅奇异的画面——一片纵横交错的"红色运输网"。"网"内的管道宽窄错落，活动繁忙。这些管道到底是什么呢？就让我们借助显微镜一起去了解吧。

## 一、目的要求

1. 观察血液在血管中的流动，提高观察能力。
2. 尝试运用类比思维分辨血管的种类及血液在不同血管中的流动情况。

## 二、材料用具

尾鳍色素少的活的小鱼（如泥鳅等）、显微镜、培养皿、滴管、棉絮（纱布）、载玻片等。

## 三、方法步骤

**步骤一：** 取镜、安放、对光。

**步骤二：** 包裹和安放小鱼。

（1）用浸湿的棉絮（纱布）将小鱼头部的鳃盖和躯干部包裹起来，露出口和尾部。

（2）将小鱼平放在培养皿中，使尾鳍平贴在培养

皿上。等鱼安定后，再将载玻片盖在尾鳍上。

步骤三：观察。

将培养皿放在载物台上，用低倍物镜观察。

（1）找到尾鳍内管径最小的血管，观察在这样的血管里能同时并排通过几个红细胞（单个/多个），与其他血管比较，血流速度快慢情况怎样。

（2）观察管径最小的血管是由什么血管分支而来的。与最细的血管比较血流速度的快慢，注意能同时并排通过该血管的红细胞数（单个/多个）。

（3）观察管径最小的血管最终又汇入了什么血管中。与最细的血管比较血流速度的快慢，注意能同时并排通过该血管的红细胞数（单个/多个）。

## 四、作品展示

1. 绘图：绘制血液在血管中流动示意图。

要求：

（1）用箭头标出血流方向；

（2）通过查阅教材第57至59页，在示意图上标出三种血管的名称。

2. 请试着描述三种血管的形态结构特点和血流速度快慢的情况。

血液在血管中流动示意图

## 五、师生评价

| 内容 | 自评 | | | 互评 | | | 师评 | | |
|---|---|---|---|---|---|---|---|---|---|
| | 优 | 良 | 合格 | 优 | 良 | 合格 | 优 | 良 | 合格 |
| 等第评价 | | | | | | | | | |
| 改进之处 | | | | | | | | | |

## 六、自我检测

小丫用显微镜观察小鱼（鱼头向右）尾鳍内的血液流动情况。小丫在视野中发现了一条血管，其中的血液快速地从视野的左边向右边流。她兴奋地叫起来："我找到了一条静脉！"

你认为小丫说得对吗？为什么？

小丫在视野中发现了这样一些血管，如右下图所示，请据图回答。

A是：

B是：

C是：

## 七、拓展延伸

医院急诊室接诊了甲、乙、丙三位在车祸中受伤的患者，他们的出血情况如下图所示。假如你是急诊室的医生，你能判断出这三位患者主要伤了什么血管吗？应该采取怎样的救护措施吗？

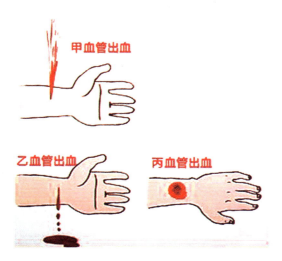

## 八、学法指导

### 血管

人体物质运输线，动静毛细连成片。

动脉壁厚小而圆，血液离心全身散。

静脉壁薄管腔大，回心血液流速慢。

毛细最薄腔最小，流速最慢易交换。

血液流动有方向，动脉毛细静脉管。

**教师点评**

　　这首诗主要概括了人体内三种血管的特点、作用及血液在血管中的流动方向等内容。学生通过诗歌创作的形式总结知识，朗朗上口，易于记忆传诵，也有利于培养学生比较、分析、综合、概括的科学思维，提高学生鉴赏生命结构和文学作品之美的能力，正所谓"心中有美者，腹中方有诗"。

# 土壤里的"清道夫"
## ——观察蚯蚓

长沙市稻田特立中学　唐慧方

长沙市稻田特立中学　唐慧方

### 兴趣导语

　　"不管翻地或打洞，天生爱动到处钻，松松土来施点肥，人人称我为地龙。"相信你很快就会猜到谜底就是蚯蚓啦！

　　蚯蚓细长如线的身体结构有什么特点呢？它又是如何翻地打洞进行运动的呢？今天我们一起来观察它吧！

## 一、目的要求

　　1. 通过观察蚯蚓的外部形态和运动，形成结构与功能相适应的生命观。

　　2. 学会制作数码放大镜，并能熟练使用数码放大镜观察蚯蚓的刚毛，提高动手能力和观察能力。

　　3. 树立呵护大自然中的生命和爱护生态环境的责任意识。

## 二、材料用具

　　活蚯蚓、解剖盘、棉球、放大镜、手机、镊子、培养皿、发夹、微型凸透镜、橡皮筋。

## 三、方法步骤

**步骤一：** 制作数码放大镜。

用发夹夹住小凸透镜，用橡皮筋将凸透镜固定在手机镜头上，注意凸透镜与手机镜头处于同心圆位置。

用发夹夹住凸透镜

凸透镜与手机镜头处于同心圆位置
用橡皮筋固定

尝试使用数码放大镜，检查数码放大镜是否能正常使用

**步骤二**：观察蚯蚓的外部形态及运动。

（1）看：取一条活蚯蚓于解剖盘中，观察蚯蚓的外形，尝试区分蚯蚓的前端和后端，左侧和右侧，背面和腹面。

观察结果：请描述蚯蚓的外形是＿＿＿＿＿＿＿＿＿＿＿＿＿＿＿＿＿＿。

　　　　　区别蚯蚓前后端的标志是＿＿＿＿＿＿＿＿＿＿＿＿＿＿＿＿＿。

　　　　　据观察，你认为蚯蚓的体型成＿＿＿＿＿＿＿＿＿＿＿＿对称。

（2）摸：尝试用手从前往后和从后往前触摸蚯蚓的背面和腹面。

观察结果：蚯蚓的背面＿＿＿＿＿＿＿（光滑/粗糙）。

蚯蚓的身体＿＿＿＿＿＿＿（湿润/干燥），为什么？＿＿＿＿＿＿＿＿＿＿＿。

用自制数码放大镜进一步观察蚯蚓的腹面，你看到了＿＿＿＿＿＿＿，它的作用是＿＿＿＿＿＿＿＿＿＿＿＿＿。

（3）比较：把蚯蚓分别放在湿润的光面玻璃板和磨砂玻璃板（或粗糙纸片）上，对比一下运动速度，并用自制数码放大镜观察蚯蚓的身体粗细、长度变化，想想为什么会有这样的区别？＿＿＿＿＿＿＿＿＿＿＿＿＿＿

＿＿＿＿＿＿＿＿＿＿＿＿＿＿＿＿＿＿＿＿＿＿＿＿＿＿＿＿＿＿＿＿＿。

温馨提示：在观察的过程中，应常用湿棉球轻擦蚯蚓的体表，使它的体表保持湿润。

## 四、结果展示

根据观察与实验，请你总结蚯蚓以下方面的特征。

|  | 描述特征 |
|---|---|
| 外形 |  |
| 运动 |  |
| 呼吸 |  |
| 生殖 |  |

## 五、实验操作评价

| 实验步骤 | 操作要求及评分标准 | 满分（10） | 自评得分 | 互评得分 | 师评得分 |
|---|---|---|---|---|---|
| 1. 数码放大镜的制作 | 检查数码放大镜是否制作好并能够使用 | 3分 |  |  |  |
| 2. 观察蚯蚓的外部形态和运动 | （1）看 | 1分 |  |  |  |
|  | （2）摸 | 1分 |  |  |  |
|  | （3）比较 | 2分 |  |  |  |
|  | （4）归纳蚯蚓的特征 | 1分 |  |  |  |
|  | （5）整个过程有无用湿棉球轻擦蚯蚓的体表 | 1分 |  |  |  |
| 3. 整理桌面 | 实验桌面进行整理还原，将蚯蚓放生 | 1分 |  |  |  |
| 总得分 |  | 10分 |  |  |  |
| 改进之处或我的新发现 |  |  |  |  |  |

## 六、自我检测

1. 动物的进化常伴随着一些重要特征的出现。以下最先出现体节分化的是（     ）。

　　A. 腔肠动物　　　B. 扁形动物　　　C. 线形动物　　　D. 环节动物

2. 小萌查资料得知蚯蚓畏光，且蚯蚓为负趋光性，尤其是逃避强烈的阳光、蓝光和紫外线的照射。阳光对蚯蚓的毒害作用主要是阳光中含有紫外线。为此小萌想探究紫外线对蚯蚓究竟有无毒害作用，进行了如下实验：

（1）提出问题：紫外线对蚯蚓有毒害作用吗？

（2）做出假设：_____。

（3）制订计划：取大小相似，健康状况相同的活蚯蚓20只，分为2组，放在相同且适宜的条件下，一组用紫外线灯光照射，另一组_____照射。

（4）实施计划。

（5）实验结果：经过实验发现，用紫外线灯光照射的一组，5min的时候，蚯蚓活动能力减弱，照射10min的时候有4条蚯蚓死亡，15min的时候有6条蚯蚓死亡，20min的时候全部都死亡。另一组中的蚯蚓无伤亡。

（6）得出结论：紫外线对蚯蚓有毒害作用。

请回答下列问题：

① 蚯蚓属于_____动物，其身体是由许多彼此相似的环状_____组成的。

② 请填出实验过程中的空白。

③ 在实验结果中，请将蚯蚓的死亡率与照射时间的关系，用曲线图表示出来。

## 七、拓展延伸

1. 雨后，蚯蚓往往会爬到地面上来，这是为什么？

_____

_____

2. 了不起的科学家达尔文将蚯蚓称之为"地球上最有价值的生物"。请你尝试说出蚯蚓对人类的益处。

_____

_____

3. 请用你制作的数码放大镜对其他无脊椎动物进行观察，如蚂蚁、蜜蜂等，并写一篇观察日记。

## 八、学法指导

### 《小动物》（改版《小苹果》）

指导教师：陈菊英

辐射对称刺细胞，

用于攻击和防御，

腔肠动物有口无肛。

身体扁平亦无肛，

两侧对称三胚层，

扁形动物切莫混淆。

身体细长有角质层是线形动物，

环状体节又很相似是环节动物，

外套膜和贝壳保护是软体动物，

节肢动物有外骨骼，附肢分节！

你们都是那无脊椎动物，

是好还是坏要辩证看待。

害人患病，蜇伤人体，危害庄稼。

珊瑚把那海底点亮，亮亮亮亮亮

蚯蚓把土壤翻松又肥沃，

虾蟹是餐桌上美味佳肴，

是爱是恨咱要分清毫不含糊。

简单到复杂来进化。

鱼类有鳞鳃呼吸。

两栖动物水陆栖，

幼体用鳃成体用肺。

爬行卵外有硬壳，

呼吸完全要用肺，

生殖发育离开了水，

鸟儿气囊辅助呼吸骨轻直肠短。

哺乳动物胎生哺乳成活率很高。

它们体内有了脊柱运动更灵活。

共同维护生态平衡，不离不弃！

你是自然消呀消费者，

帮植物传粉又传种子，

繁衍后代遍布各地充满生机。

动物把那自然激活，活活活活活

你是自然消呀消费者，

物质循环都少不了你。

如果缺你生态系统就会崩溃，

让我们都来保护你。

**教师点评**

　　《小苹果》是大街小巷播放的当下流行歌曲，作者将生物圈中的各种动物改编进歌词里，眼前的动物似乎都跳出了书本，活，活，活跃起来啦！动物们的显著特征也简明扼要地得以体现。歌词押韵，朗朗上口，不仅熟悉各类动物的特征和分类，还让生物的学习更增添了活力和乐趣。

# 小蝌蚪"寻亲"之旅

## ——观察青蛙的变态发育

长沙市雨花区雅境中学　刘　赟

### 兴趣导语

　　一群可爱的小蝌蚪出生了，但是，"谁是我们的妈妈呢？"于是，一场有趣而感人的寻亲之旅开始了。我们要让这些可爱的小蝌蚪健康成蛙，做一个合格的蝌蚪妈妈。

## 一、目的要求

　　1. 通过观察和记录蝌蚪生长发育的过程，加深学生对变态发育概念的理解，提高观察能力。

　　2. 通过体验蝌蚪饲养的过程，感受生命的力量和自然的伟大，培养学生爱护动物和保护水域环境的社会责任感。

## 二、材料用具

　　自然状态下蛙类受精卵、河流池塘水或雨水、纯净水、小号鱼缸、大小石子、莴笋叶、菠菜叶（或其他菜叶）、相机、放大镜等。

## 三、方法步骤

### 步骤一：准备。

　　小蝌蚪喜欢生活在阴凉且水质优良的环境中，虽然大部分的容器都能用来养蝌蚪，但是室外的环境更适合蝌蚪生长。

　　准备一个合适的水族箱、鱼缸、大号碗或小水池，并给蝌蚪的房子铺上适宜的"地基"，先用小石子或细沙均匀覆盖容器底部，然后放上一两个大石头。再放一些水草在里面并且要带上根，蝌蚪可以趴在上面休息，也可以取食。最后设置一个阴影遮挡住容器（3/4以上区域），放置室外饲养。

步骤二：饲养。

（1）食物可选取菜叶。将莴笋叶子或其他菜叶煮10～15min，至菜叶变得软烂再捣碎即可。蝌蚪也能吃其他种类的生菜，不过只能选取柔软的叶子。另外，蝌蚪的嘴巴很小，所以叶子要切得碎碎的。

（2）喂食的次数是由蝌蚪的数量决定的，一般每周喂食2～3次。吃太多的蝌蚪反而会被撑死。初期给饲料要少，以后逐渐增加，每天定期投饲料一次，不宜过多，以免饲料残留水中引起腐败。

（3）勤换水，保持水质清洁，每次换水换掉一半即可。

步骤三：观察记录。

（1）耐心等待。蛙卵孵化为蝌蚪一般需要6～12周，冬天甚至更长。蛙卵孵化的理想温度是20～25℃。

（2）为蝌蚪的变态发育做好准备。蝌蚪长腿的时候在容器里铺上一些泥沙，这样蝌蚪就可以爬上岸了。

（3）蝌蚪长出前腿后就可以停止喂食了。这个时候的蝌蚪会从自己的尾巴里获取营养，并慢慢长成小青蛙。

（4）变态期结束后，给小青蛙多喂些食物。如果你不打算把幼蛙放生，那么就得为这些小家伙准备更大的生存空间。

注意：饲养缸或者其他容器必须每天保持清洁，否则细菌会在里面快速传播，幼蛙容易受到感染而死亡，也尽量不要把幼蛙拿在手上。

## 四、作品展示

请记录蝌蚪发育过程中各个时期的形态结构（绘图、图片粘贴等），并用文字描述结构特点及生活习性。

_____日期

_____日期

_____日期

## 五、师生评价

| 内容 | 自评 | | | 互评 | | | 师评 | | |
|------|------|------|------|------|------|------|------|------|------|
| 等第评价 | 优 | 良 | 合格 | 优 | 良 | 合格 | 优 | 良 | 合格 |
| | | | | | | | | | |
| 改进之处 | | | | | | | | | |

## 六、自我检测

1. 请用文字和箭头概括小蝌蚪寻亲之旅过程中的四个阶段。

_____

_____

2. 为什么每升水里建议饲养5到10只蝌蚪，不宜过多呢？

_____

_____

3. 饲养蝌蚪的房子铺上适宜的"地基"（大小石头）的作用是什么？

_____

_____

## 七、拓展延伸

圭塘河作为长沙唯一的城市内河，曾经遭受工业污染与过度开发，被人们称作臭水沟。在经过造绿工程和滨河生态景观区改造后，圭塘河重现了往日的生机，岸芷汀兰、清溪潺潺。近些年，随着环境质量的提升，圭塘河畔又能听取蛙声一片了。此外，在圭塘河附近经常能偶遇各类蛇，如银环蛇、乌梢蛇等。

1. 雄蛙的鸣叫是在进行_____。青蛙的精子和卵细胞在水中结合，形成受精卵，这种生殖方式属于_____。蛙的发育经历多个时期，且幼体与成体差异很大，它的发育过程属于_____发育。

2. 蛙卵外只有一层很薄的胶质膜，在水中受精，幼体在水中发育；而蛇的卵壳外有坚韧的卵壳，它的生殖与发育完全摆脱了对水的依赖，这体现了生物_____的进化趋势。

3.有位同学在圭塘河边捕获了一瓶子的蝌蚪，在家饲养40多天后，蝌蚪变成了青蛙，他想继续在室内饲养，却发现没过几日青蛙便相继死亡。由此引发了怎样的思考？_____
_____。

## 八、学法指导

### 青蛙变态发育的创意画

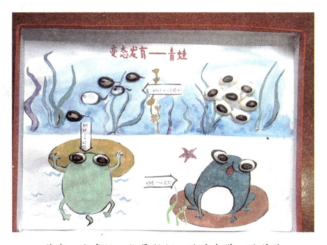

作者：张青怡　指导教师：雅境中学　陈菊英

**教师点评**

　　该同学用创意画的形式将小蝌蚪变态发育的过程生动、活泼、形象地展示出来。创意画是将生活中最常见的物品，以漫画或水彩插画的形式展现出来。此创意画用西瓜籽加以勾画，模拟蛙的受精卵或蝌蚪，充满童趣，栩栩如生，生物学与美术结合，让生命更加灵动。生物创意画的创作既可以拓展学生的思维，彰显其天性，更能培养学生的动手能力和创新能力，有利于培养学生的类比思维能力。

# "出汗"的鸡卵
## ——观察鸡卵的结构

长沙市明德洞井中学　文昱妍

**兴趣导语**

　　有一种马叫"汗血宝马"，当它极速奔跑时会流出像血一样的汗。现实中，有一种"汗血鸡蛋"，它可以冒出红色的"汗液"。有没有兴趣一起制作"汗血鸡蛋"？

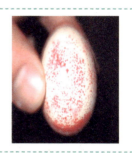

## 一、目的要求

　　1. 让学生通过实验进一步熟悉鸡卵的结构特点以及作用。

　　2. 尝试用孵化器孵化鸡卵，了解鸡胚胎发育所需要的条件，并观察鸡卵孵化时的变化。

　　3. 通过实验，认知生命的可贵。

## 二、材料用具

新鲜鸡蛋若干枚、一支空注射器和一个针头、培养皿、孵蛋器、天平。

## 三、方法步骤

**步骤一：** 取新鲜鸡蛋，探究卵壳上的气孔。

将卵壳用针扎一个小眼，插入注射器，把卵白和卵黄抽出，再吸一管红墨水，从这个小眼向里面注入，注满后用注射器从这个小眼中向里面打气。

　　现象：＿＿＿＿＿＿＿＿＿＿＿＿＿＿＿＿＿＿＿＿＿＿。

结论：_____。

**步骤二：观察胚盘。**

取普通鸡蛋与受精鸡蛋各一枚，小心打在培养皿中，观察胚盘的颜色与大小。

普通鸡蛋          受精鸡蛋

我观察到：普通鸡蛋的胚盘_____。

　　　　　已受精鸡蛋的胚盘_____。

**步骤三：鸡卵的人工孵化。**

（1）选农村放养的鸡下的鸡蛋放入孵蛋器中，设置温度为37.6℃。（见图1）

（2）蛋架每隔3个小时会自动翻蛋一次，翻转180度左右，目的是_____。

（3）入孵第5天起每隔3天就可以将蛋取出，对着强光观察胚胎在蛋内发育的变化（注意时间不要太长），剔除未受精或未正常发育的蛋。（见图2）

图1          图2

## 四、结果展示

每3天同一时间，用天平秤取特定的3个鸡蛋的重量并记录后并绘制曲线（注意时间不要太长）。

| 时间 | 第1天 | 第4天 | 第7天 | 第10天 | 第13天 | 第16天 | 第19天 | 第21天 |
|---|---|---|---|---|---|---|---|---|
| 1号蛋（克） | | | | | | | | |
| 2号蛋（克） | | | | | | | | |
| 3号蛋（克） | | | | | | | | |

鸡卵孵化过程中重量变化曲线图

曲线分析：

_____

_____

_____

## 五、师生评价

| 内容 | 自评 | | | 互评 | | | 师评 | | |
|---|---|---|---|---|---|---|---|---|---|
| | 优 | 良 | 合格 | 优 | 良 | 合格 | 优 | 良 | 合格 |
| 等第评价 | | | | | | | | | |
| 改进之处 | | | | | | | | | |

## 六、自我检测

1. 鸡卵的孵化不需要下列哪一个条件？（　　　）

　　A. 蛋壳的颜色是白色　　　　　B. 孵化过程要适时翻蛋

　　C. 是受精的鸡卵　　　　　　　D. 保证孵化时所需要的温度

2. 鸡的受精卵是在（　　　）开始发育的。

　　A. 母鸡输卵管内　　　　　　　B. 受精卵自母体产出后

　　C. 孵化箱内　　　　　　　　　D. 母鸡孵卵时

3. 2018年的12月2日，长沙重度雾霾，一些市民都戴上了口罩。小华想知道雾霾对鸡卵孵化是否有影响，于是他设计了以下实验。

| 组别 | | 甲 | 乙 |
|---|---|---|---|
| 实验处理 | 1 | 用医用注射器将适量某物质注入鸡卵钝端的气室内，将孔封闭 | 不做任何处理 |
| | 2 | 将以上两组鸡卵分别放入孵化箱中人工孵化21天左右，统计孵化率 | |

请回答：

（1）实验处理2中的孵化箱能提供孵化时所需的适宜_____、_____和通风等环境条件。

（2）小华设计的探究实验中，甲组注入鸡卵钝端气室内的某物质是_____。如果统计的孵化率为：甲组明显低于乙组，则证明雾霾会_____（填"降低""提高"或"不影响"）鸡卵的孵化率。

（3）有同学提出小华的实验不严谨，他建议增加一组实验。请你想想，他会增加怎样的一组实验呢？_____。

## 七、拓展延伸

1. 还有什么办法能证明卵壳上有气孔呢？

2.如果孵化出来的小鸡交给你带回家，你打算如何喂养小鸡？

## 八、学法指导

随后在鸡蛋孵化中还会发生什么事？请同学们自己构思一个漫画故事——鸡卵结构争宠记。

**教师点评**

通过有趣的课外作业，让学生在欢声笑语中理解鸡卵每一部分的作用。这也是生物学科与美术、语文的一次亲密交流哦！

# 板块二

**2**

# 勤动手

# 纸上种菜

## ——培育呆萌的芽苗菜

长沙市雨花区雅境中学　董赛男

长沙市雨花区雅境中学　董赛男

**兴趣导语**

　　同学们只听说在地里可以种菜，在纸上怎么种菜呢？芽苗菜就是在纸上种的，那它们是怎样培育出来的呢？

## 一、实验原理

　　种子的萌发，除了需要自身条件（胚完整饱满，胚是活的，度过休眠期）以外，还需要一定的环境条件：一定的水分、适宜的温度和充足的空气。

## 二、材料用具

育苗盘、环保纸、种子、喷壶。

## 三、方法步骤

**步骤一**：将种子放入水中，浸种约12h。

步骤二：先在育苗盘下面放置一张环保纸，将环保纸喷湿。

步骤三：均匀地撒上种子，盖上环保纸，将环保纸喷湿。

步骤四：定时喷水，保持种子萌发时所需的水分，待到种子生根后，去除环保纸。大概一个星期后，就能长出绿油油的芽苗菜了。

提醒：如果你想小幼苗长得整齐，在其长到2～3cm时，施加一个"压力"——在表面放置一个平整的重物。

## 四、结果展示

| 芽苗成长记 | | | | | | | |
|---|---|---|---|---|---|---|---|
| 时间 | 第一天 | 第二天 | 第三天 | 第四天 | 第五天 | 第六天 | 第七天 |
| 记录幼苗生长状态（绘图或文字） | | | | | | | |
| "我长大啦"（将照片拍摄贴好） | | | | | | | |

## 五、师生评价

| 内容 | 自评 | | | 互评 | | | 师评 | | |
|---|---|---|---|---|---|---|---|---|---|
| | 优 | 良 | 合格 | 优 | 良 | 合格 | 优 | 良 | 合格 |
| 等第评价 | | | | | | | | | |
| 改进之处 | | | | | | | | | |

## 六、自我检测

小雅在制作芽苗菜时，发现了以下问题，请结合生物学知识帮助她解决。

1.制作芽苗菜最好不要选择在低温时制作，因为种子萌发需要 _____。

2.制作芽苗菜需要定时喷水，原因是_____。

3.芽苗菜发芽时，最先突破种皮的是_____。

4.随着芽苗菜不断长高，小雅发现有的芽苗菜根长"毛"了，这是什么原因？ _____，长"毛"有什么好处？ _____。

## 七、拓展延伸

1.请亲手制作一份以芽苗菜为食材的食物，给亲人分享。

2.尝试自己设计造型，对芽苗菜进行创意设计，拍照展示在下面方框中。

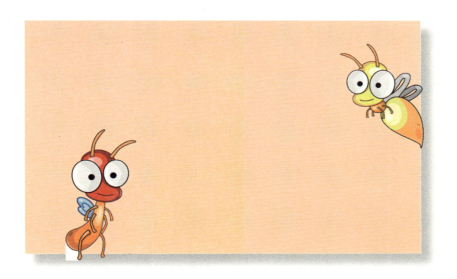

## 八、学法指导

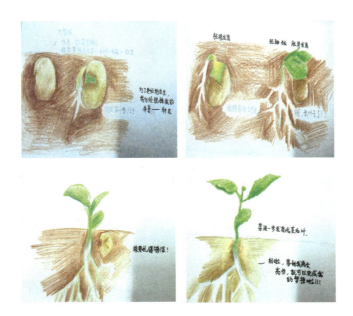

**教师点评**

　　学生通过漫画的形式描述种子的生长过程，把种皮比喻成外套，生长比喻成长高，语言幽默，形象生动，为种子的萌发做好了知识上的铺垫。整体画面美观，富有生气，可以感受到和谐而富有生机的大自然之美。

# 制作浪漫的"蓝色妖姬"

## ——探究水分进入植物体内的途径

长沙市雨花区雅境中学　陈菊英

　　蓝玫瑰俗称"蓝色妖姬"，在人们眼里是一种极为高贵的花，因为它代表纯洁的爱情和敦厚善良，所以一到情人节，它的价格可以飙升到几百元一朵。我们能不能利用所学的知识，将普通的玫瑰花变成"蓝色妖姬"呢？让我们来试试吧。

## 一、实验原理

　　植物的体内有很多输导组织，就像我们人体身上的血管。这些输导组织为植物运输水、无机盐和有机物，其中导管由下向上运输水和无机盐，筛管由上向下运输有机物。

　　当植物进行蒸腾作用的时候，就在体内产生一种蒸腾拉力，使得水分沿着导管向上运输，而溶解于水中的有色物质，也就搭水的"便车"运上去了，于是植物的花瓣或者叶片就呈现了相应的颜色。

## 二、材料用具

　　枝剪、矿泉水瓶、食用色素（或者蓝墨水）、白色玫瑰花。

## 三、方法步骤

**步骤一：** 在矿泉水瓶中加入清水，在清水里放少许蓝色的食用色素（使之

变成深蓝色为止）。

**步骤二：**用剪刀剪掉玫瑰花枝条下面的一部分叶片，留着上端的部分叶片。

**步骤三：**将枝条下端的茎斜剪，迅速插入装有蓝色色素溶液的矿泉水瓶中。

**步骤四：**将整个装置放到有阳光的照射地方，每隔半小时观察玫瑰花花瓣颜色的变化，直至花瓣颜色全部变成蓝色后，再放回清水里养护。

## 四、作品展示

（见附录）

## 五、师生评价

| 内容 | 自评 | | | 互评 | | | 师评 | | |
|---|---|---|---|---|---|---|---|---|---|
| | 优 | 良 | 合格 | 优 | 良 | 合格 | 优 | 良 | 合格 |
| 等第评价 | | | | | | | | | |
| 改进之处 | | | | | | | | | |

## 六、自我检测

某生物兴趣社想探究光照是否会影响植物的蒸腾作用，他们设计了如下实验：用同一棵白菜，切除根部，纵切成两半，将它们分别插入同一浓度的1号、2号两瓶红墨水中，1号瓶放在阳光下，2号瓶放在阴暗处，观察并记录它们叶片全部变红的时间。结果发现1号瓶中的白菜叶片在15min后就变红了，而2号瓶中的白菜叶片30min后还只有部分变红。（见图1、图2）请回答下列问题：

（1）请你为这个实验作出假设。

_____。

（2）以下四位同学根据实验结果得出了相应的结论，你认为描述最科学的是（　　　）。

A. 光照对植物的蒸腾作用有影响

B. 光照会促进植物的蒸腾作用

C. 不能得出科学的结论，因为有两个变量

D. 光照对植物的蒸腾作用没有影响

图1　　　　　　图2

（3）小明想进一步探究运输红墨水的结构到底在哪里，于是他剥开白菜表皮和茎的肉质部分，发现里面有一条条红色的"丝"，如图3所示。他又将带叶的苎麻茎下端插进红墨水中，10min左右取出后，将茎的表皮剥开，与放在清水中的苎麻茎进行对照，发现茎的表皮没变红，表皮里面的木质部变红了，如图4所示，所以他认为运输红墨水的_____就在这些红色的"丝"和木质部中。

（4）他仔细观察苎麻变红的叶片，如图5所示，与插在清水中的苎麻叶片比较，发现最开始变红的部分是_____（填"叶脉"或者"叶肉"），于是他想：茎中的导管应该是连着叶脉中的导管，由此看来，植物体通过输导组织将各个器官联系在一起，所以是一个_____的整体。

图3　　　　　　　图4　　　　　　　图5

（5）以上实验设计其实还有不够严谨的地方，请指出来。

_____

你将如何改进这个实验？

_____

## 七、拓展延伸

（1）我们用玫瑰花可以做出不同颜色的花朵，还可以用其他植物做吗？会不会还有更好的植物材料适合用来观察这个实验呢？

图6　　　　　　　　　图7　　　　　　　　　图8

（2）市面上的玫瑰花一般是白色、红色和黄色三种，我们现在做出了蓝色，能不能尝试制作出更多颜色的玫瑰花或者其他花卉？

（3）当我们用植物枝条形态学下端插入色素溶液中进行实验时，能否观察到同样的现象？想想为什么。

## 八、学法指导

水分的旅行

我是小水滴，我们的前身是水蒸气，遇冷后从天而降，来到地面，兄弟们各奔东西，有的一路欢歌流入小溪，有的悄悄进入池塘、湖泊，有的来到地面没过多久又重返蓝天，有的马不停蹄排除千难万险汇入了奔流不息的江河、海洋……

而我却有幸落到一片森林里，大树的枝叶迎接了高高坠落的我，地上软绵绵的，落叶又温柔地托住了我，于是我悄悄钻进了土壤。

在土壤里我遇到了我的好朋友无机盐，开始我们还在土壤里自由行走，可没过几天，大树的根开始向我们发出求救信号，它们渴了、饿了。我义无反顾地钻进了根毛细胞，无机盐老兄也搭着我的便车一路随行。刚进去不久，我们来到一个像电梯一样空阔的地方，一股无形的力量拉着我们在黑暗中径直往上升，无机盐和我的少部分小伙伴中途留在了大树里面。随着坡度逐渐减小，我们感觉越来越热，远远看到前方有一个洞口，来到那个洞口，终于重见天日，久违的阳光照耀着我们，此时我们的身体越来越轻，我们再次飞了起来，在高高的天空又看到了蓝天白云和青山绿水，结束了这次神秘的旅行。

### 教师点评

　　作者运用拟人的手法将植物参与生物圈中的水循环过程写得十分生动形象，文章短小精悍，想象力丰富。作者将导管类比成"电梯"，将蒸腾拉力类比成"一股无形的力量"，将气孔类比成"洞口"，科学严谨，联系日常生活进行类比思维，利于理解，不失为一种很好的学习方法。

　　附：作品展示

| 创意说明 | |
|---|---|
| | |

# 小种子中的大能量
## ——测定花生种子与核桃种子的能量

长沙市雨花区雅境中学　李　珊

　　"人是铁，饭是钢，一顿不吃饿得慌。"食物中含有有机物，有机物中储存着能量，供人体各项生命活动的需要。那么，食物中含有多少能量呢？你能想出测量它们的方法吗？

## 一、目的要求

1. 初步感受食物中是含有能量的。

2. 尝试运用正确的方法测量食物中的能量。

3. 通过实验培养学生的理性思维和科学精神。

## 二、实验原理

　　食物中含有有机物与无机物，有机物中储存着化学能，花生种子内含有丰富的有机物，蕴藏着大量的能量。我们应如何测量花生种子含有的能量呢？

　　我们可以通过种子燃烧释放热能使水加热，通过测量水升高的温度，最终推算出花生种子中含有的能量。

　　温馨提示：

　　1. 有机物中含有化学能，燃烧过程中一部分化学能转换为热能。

　　2. 1mL水每升高1℃需要4.2J的热量。

## 三、材料用具

温度计、酒精灯、天平、铁架台、试管、试管夹、花生种子、核桃种子、镊子、量筒、火柴、保温棉。

## 四、方法步骤

**步骤一：** 取一只用保温棉包好的试管，注入10mL水，再将它固定在铁架台上。

**步骤二：** 在试管里放入一支温度计（温度计的下端要浸入水中，但不要接触试管的管底）。

**步骤三：** 参照下图安装好实验装置，并测定水温。

**步骤四：** 称出一粒干燥花生种子的质量，将这粒种子放到火焰上点燃。

**步骤五：** 将点燃的花生种子立即放到试管底部，待其全部燃烧后，测量水温。

备注：实验材料中的锥形瓶改成试管，这样可以减少散热面积进而减少热量的散失。保温棉包住试管也有效地减少了热量的散失，从而提高了实验的准确性。

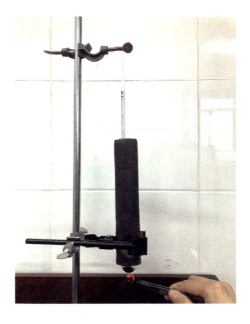

结果记录：

| 种子 | 种子的质量（g） | 水量（mL） | 燃烧前的水温（℃） | 燃烧后的水温（℃） | 测定出的热量 |
|---|---|---|---|---|---|
| 花生种子1 | | | | | |
| 花生种子2 | | | | | |
| 花生种子3 | | | | | |
| 花生种子热量的平均值 | | | | | |
| 核桃种子1 | | | | | |
| 核桃种子2 | | | | | |
| 核桃种子3 | | | | | |
| 核桃种子热量的平均值 | | | | | |

计算方法是：_____。

得出的结论是：_____。

讨论：怎样做才能尽量减少花生种子燃烧时热量的散失？

_____

_____

## 五、师生评价

| 内容 | 自评 | | | 互评 | | | 师评 | | |
|---|---|---|---|---|---|---|---|---|---|
| | 优 | 良 | 合格 | 优 | 良 | 合格 | 优 | 良 | 合格 |
| 等第评价 | | | | | | | | | |
| 改进之处 | | | | | | | | | |

## 六、自我检测

根据本实验内容回答有关问题。

1. 本实验设计三组的原因是＿＿＿＿＿＿＿＿＿＿＿＿＿＿＿＿＿＿＿。

2. 生活中人们通过调整饮食结构来减肥，结合所学的有关知识，考虑食物中含有能量的多少，选出科学合理、营养健康又能减肥的一份中餐食谱（　　　）。

　　A. 炸鸡、可乐、水果拼盘、鸡蛋

　　B. 荞麦大米饭、香菇菜心、豆腐、丝瓜汤

　　C. 红烧肉、板栗烧鸡、五香鱼、大米饭

　　D. 莜麦菜、莴笋、红萝卜、黄瓜

3. 植物种子中脂肪含量很高，花生油是从花生种子胚的＿＿＿＿＿＿（结构名称）中压榨出来的。

## 七、拓展延伸

1. 有人说，空心菜、莜麦菜，这些绿叶蔬菜营养丰富，可是却为人体提供很少的能量。请你设计实验来探究该说法是否正确。

2. 阅读许地山散文《落花生》，试表达描述其暗含的人生哲理。

本实验原理涉及一个物理量——比热容，请阅读比热容的有关知识，增进对实验原理的理解。

比热容（Specific Heat Capacity，符号$c$），简称比热，亦称比热容量，是热力学中常用的一个物理量，表示物体的吸热或散热能力。比热容越大，物体的吸热或散热能力越强。它指单位质量的某种物质升高或下降单位温度所吸收或放出的热量。其国际单位制中的单位是焦耳每千克开尔文［J/（kg·K）］，即令1kg的物质的温度上升1K所需的能量。

物质的比热容越大，相同质量和温升时，需要更多热能。以水和油为例，水和油的比热容分别约为4200 J/（kg·K）和2000 J/（kg·K），即相同质量的水和油，水加热的热能比油多出约一倍。若以相同的热能分别把相同质量的水和油加热，油的温升将比水的温升大。

水的比热容较大，在工农业生产和日常生活中有广泛的应用。这个应用主要考虑两个方面：第一是一定质量的水吸收（或放出）很多的热而自身的温度却变化不大，有利于调节气候；第二是一定质量的水升高（或降低）一定温度吸热（或放热）很多，有利于用水做冷却剂或取暖。

水的比热容较大，对于气候的变化有显著的影响。在同样受热或冷却的情况下，水的温度变化较小，水的这个特征对气候影响很大。白天沿海地区比内陆地区温升慢，夜晚沿海温度降低少，为此一天中沿海地区温度变化小，内陆温度变化大，一年之中夏季内陆比沿海炎热，冬季内陆比沿海寒冷。当环境温度变化较快的时候，水的温度变化相对较慢。生物体内水的比例很高，有助于调节生物体自身的温度，以免温度变化太快对生物体造成严重损害。海陆风的形成原因与之类似。

### 教师点评

不同学科之间很大程度上都会有知识的交汇，本节内容需要运用到物理热力学中比热容这一知识，同学们需要将不同学科间知识融会贯通，灵活运用，并且需要培养独立自主汲取新知识和运用新知识解决实际问题的能力。

# 肺中气量知多少

## ——测量胸围差与肺活量

长沙市明德洞井中学　文昱妍

**兴趣导语**

　　同学们，你们知道吗？英国人曼吉特·辛格被认为是世界上拥有最大的肺活量的人。1998年9月，他在42min内吹出了一个直径2.44m的大气球，其重量有1kg。你想不想知道自己的肺活量有多大呢？想不想量一量同学们的胸围？今天我们一起动手实验吧！

## 一、目的要求

1.尝试测量胸围差，了解自己的胸围差。

2.尝试使用自制的肺活量仪器测量肺活量。

3.认同适当锻炼可以提升肺活量。

4.通过测量胸围差、自制肺活量仪器，培养学生的合作精神。

5.通过对实验数据的分析，使学生初步形成比较与分析的科学思维。

## 二、材料用具

　　软尺、容量为4L的空塑料瓶、一次性医用输液管、100mL量筒、大嘴漏斗、直尺、油性笔、水槽、体积分数为75%的酒精、脱脂棉、胶带等。

## 三、方法步骤

**步骤一**：测量胸围差。

（1）3～4人一组（男女生分开）。
测量胸围差前，受测者要脱去外衣，取自
然站立的姿势，双手自然下垂，不挺胸，
不憋气，呼吸要均匀。

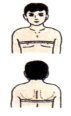

（2）测量者需要2人。一个测量者面
对着受测者，用软尺围绕受测者的胸廓，软尺在胸前下缘要与乳头上缘平齐；另
一测量者在受测者背侧，将软尺固定在两肩胛的下角。软尺松紧要适宜并随着受
测者的呼吸动作灵活收放。注意软尺不要有折转。

（3）让受测者在平静状态下吸气，记录下吸气终了时的胸围长度。再让
受测者在平静状态下呼气，记录下呼气终了时的胸围长度。计算两次胸围长
度之间的差值。测三次（应在同一位置测量），将差值记录在自己设计的表
格中，并算出平均值。

（4）让受测者尽力深吸气，记录下吸气终了时的胸围长度。再让受测者
尽力深呼气，记录下呼气终了时的胸围长度。计算两次胸围长度之间的差
值。测三次（应在同一位置测量），将差值记录在自己设计的表格中，并
算出平均值。

想一想：哪种状态下测出的值是胸围差呢？

**步骤二**：测量肺活量。

（1）自制肺活量仪器。学生每4人
一组，按照下列要求制作肺量计。

① 取4L的空塑料瓶，用量筒量取
100mL的清水，倒入塑料瓶中，用油性笔
和直尺在饮料瓶上做记号，并标出数字
500mL、1000mL……直到饮料瓶里装满
水为止。

② 倒出饮料瓶中的水，将较粗的塑
料管插入塑料瓶口的空白处，另一端将漏斗的颈插进塑料管内，同时用胶带将
两端密封。

（2）测量肺活量。① 先在塑料瓶中注满水，盖好瓶盖，然后把塑料瓶倒
立于盛有水的水槽中，使水槽中的水位高于插有输液管的洞口，同时将瓶盖

松开。

②用酒精棉球消毒漏斗口。测试的同学头部略向后仰，尽力深吸气直到再不能吸气时，向漏斗中呼气，直到不能再呼出气体为止。注意呼气时面部要紧靠漏斗，不可使呼出的气体通过漏斗与面部之间的空隙溢出，否则会影响测量结果。这时同组另一位同学将塑料瓶轻轻提起，使瓶口与水槽底有一定间隔。

③将塑料瓶垂直倒立在水槽中，待水面平静后，记录水位最低点所在的刻度，此刻度就是测试者的肺活量。

④用大烧杯将水槽中的水倒入塑料瓶中直至倒满，重复测量，每人测量3次，记录每次呼出的气体量，其中最大值为测试者的肺活量。

## 四、结果展示

### 1. 测量胸围差

| 胸围 | 平静呼吸 | | | 深呼吸 | | |
|---|---|---|---|---|---|---|
| | 第一次 | 第二次 | 第三次 | 第一次 | 第二次 | 第三次 |
| 吸气时的胸围（cm） | | | | | | |
| 呼气时的胸围（cm） | | | | | | |
| 胸围差cm | | | | | | |
| 平均值cm | | | | | | |

### 2. 测量肺活量

| 测量值 \ 小组成员 | | | | |
|---|---|---|---|---|
| 第一次肺活量 | | | | |
| 第二次肺活量 | | | | |
| 第三次肺活量 | | | | |
| 肺活量 | | | | |

## 五、师生评价

| 实验步骤 | 操作要求及评分标准 | 满分（10分） | 得分 | 得分 | 得分 |
|---|---|---|---|---|---|
| 测胸围差 | 准确测量并计算出同学的胸围差 | 2分 | | | |
| 制作肺活量计 | 正确标出刻度尺 | 2分 | | | |
| | 自制装置不漏气 | 2分 | | | |
| 测肺活量 | 能准确读出并记录同学的肺活量 | 2分 | | | |
| 整理 | 实验桌面进行整理还原 | 2分 | | | |

## 六、自我检测

1. 这是甲、乙、丙三位同学在测量胸围差时获得的数据。如果三位同学同时吹气球，吹的最大的同学最可能是（        ）。

| 胸围 | 甲 | 乙 | 丙 |
|---|---|---|---|
| 深吸气时的胸围 | 93cm | 105cm | 91.5cm |
| 深呼气时的胸围 | 80cm | 95cm | 81cm |

    A. 甲　　　　　B. 丙　　　　　C. 乙　　　　　D. 不知道

2. 经常参加体育锻炼，可以大大增加呼吸功能，其根本原因是（        ）。

    A. 胸廓扩张的范围增大

    B. 呼吸深度增加

    C. 胸围差加大

    D. 肋间肌和膈肌的收缩力量增加

3.肺活量是人肺功能的一项重要指标，肺活量的大小与下列哪些因素有关？（　　）

  A.年龄   B.性别   C.健康状态   D.以上都是

4."测量胸围差"可以使同学们通过对生命现象的直观感受，加深对概念的理解。请回答下列有关这个实验的操作、结果处理及分析的问题。

（1）测量时，软尺的位置会影响"胸围"的准确度。如图分别表示不同小组测量时软尺的位置，其中正确的有_____。

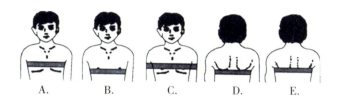

  A.   B.   C.   D.   E.

（2）假如某受测者的胸围测量数值如下，则该受测者的胸围差是_____cm。

| 次数 | 深吸气胸围（cm） | 深呼气胸围（cm） |
|---|---|---|
| 1 | 94 | 92 |
| 2 | 96 | 92 |
| 3 | 94 | 91 |

（3）胸腔示意图中，胸围差不能反映出图中所示胸腔_____径的变化，这说明，胸围差只能在一定程度上反映出肺与外界进行气体交换的能力。

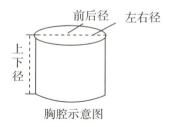

胸腔示意图

5.当我们在测肺活量时，胸廓随着吸气与呼气也会变化，请看图回答下列问题。

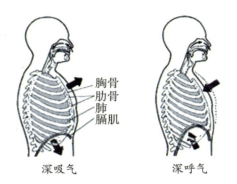

深吸气　　　　　　　深呼气

（1）同学们也可将手放在肋骨上一起感受，在深吸气时，肋间肌与膈肌_____（肌肉状态），胸骨与肋骨_____（运动方向），胸廓_____，肺内气压_____。

（2）刚下水游泳时，如果水漫过胸部，会感觉呼吸有些吃力，这是因为水的压迫使胸廓无法顺利_____，导致肺内气压_____，气体不易进入。

（3）现在有些女孩为了获得苗条的身材，将腹部束缚得很紧，这会直接影响膈肌的_____（吸气、呼气），使_____，为此，你的看法是_____。

## 七、拓展延伸

（1）胸围差、肺活量与性别、年龄有关吗？你有什么方法可以提升肺活量呢？我们测定的肺活量真的是肺内气体的总量吗？

（2）请调查周围经常锻炼的人的胸围差和肺活量，看与普通人有什么不同。设计一个调查记录表记录你的调查情况，并根据调查情况说说你的感受。

## 八、学法指导

### 人体内的气体交换

胸廓形似小鸟笼，保护心肺是行当。

肋间肌肉一收缩，前后左右腔放大；

膈肌下降胸廓大，空气入肺没商量。

氧气扩散入血液，一路运送给细胞；

呼吸作用产能量，生命活动全靠它。

### 教师点评

　　这段小口诀既概括了胸廓的结构与功能，又描述了人体吸气的过程（呼气相反，所以就没必要赘述了），然后描述肺与血液间的气体交换以及氧气在血液里的运输，最后进入组织细胞参与呼吸作用，供给人体生命活动所需的能量。言简意赅，基本押韵，读起来朗朗上口，便于同学们理解记忆。

# 张牙舞爪的使者
## ——神经元模型的制作

长沙市雨花区雅境中学　吴　芳

图1　　　　　图2

左凝右视根枝荡，头盛尾繁敞帚方。

腰肢纤纤腹难果，偷得梦里挂腊肠。

这首诗描述的是什么细胞的结构特点呢？图1描绘的是枯藤老树吗？图2描绘的是秋冬的树林吗？不，这些都是神经元。

这长相奇葩的神经元为什么有这么多的突起呢？让我们一起来发挥创造力，制作神经元的模型吧！

图为神经元和大脑皮层层状结构，创作者是格雷格·邓恩。他是神经科学的博士，也是一名职业的神经元画家。他很欣赏东方水墨画那种以简洁优雅的线条勾勒出事物本质的绘画风格，于是，他专注于以水墨画阐释神经科学的艺术魅力。

## 一、目的要求

1.通过模型的制作，化抽象为具体，深入了解神经元的各个结构和功能。

2.在制作模型的过程中，训练类比思维。

3.通过对树突和轴突的认识，进一步理解这些突起的功能。

## 二、制作原理

1.神经元的结构包括细胞体和突起，如下图所示。

2.细胞体包括细胞膜、细胞质和细胞核，可以用不同的材料制成平面或立体的形态。

3. 突起包括树突和轴突。树突粗短，轴突细长；轴突末端的分支是神经末梢；轴突外面包有髓鞘，构成神经纤维，髓鞘起保护作用，这部分可以用线状的材料来模拟。

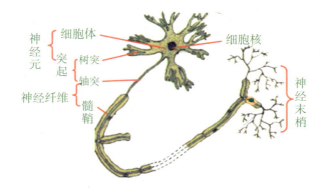

4. 许多神经纤维集结成束，外包一层膜，就形成了一根神经。

## 三、材料用具

电线、豆子、订书针、轻质橡皮泥、彩纸、塑料管、树枝、枫树叶等。

## 四、方法步骤

**步骤一:** 将废弃的数据线环割一圈，去掉塑料膜（白色），取出一根细电线（灰色）。

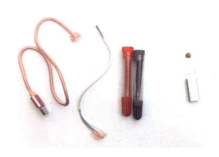

**步骤二**：将前端约5cm处环割一圈，去掉灰色塑料膜，露出铜丝束，然后将细电线末端2cm处环割一圈，去掉塑料膜，将铜丝束分开。

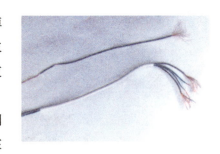

**步骤三**：用订书针拼成多边形，针脚朝外。将铜丝绕在订书针上，将所有结构贴在白纸上。

**步骤四**：将一颗豆子贴在订书针围成的多边形内。

备注：图片仅供参考，请发挥自己的想象力和创造力，制作更有创意的模型。

思考：请对照神经元结构图，填空：

铜丝束模拟_____。灰色塑料膜模拟_____，铜丝束分散成细丝模拟_____，豆子模拟_____，订书针针脚模拟_____，围成的多边形（边框）模拟_____。

## 五、作品展示

（见附录）

## 六、师生评价

| 内容 | 自评 | | | 互评 | | | 师评 | | |
|------|------|------|------|------|------|------|------|------|------|
| | 优 | 良 | 合格 | 优 | 良 | 合格 | 优 | 良 | 合格 |
| 等第评价 | | | | | | | | | |
| 改进之处 | | | | | | | | | |

## 七、拓展延伸

1.请再开动脑筋，寻找更多的材料，制作神经元的立体模型。

2. 请查找资料，了解神经冲动在神经元结构上的传导方向。能否运用电子元件制作能够导电的神经元模型，并通过亮灯来演示神经冲动传导的方向？

## 八、自我检测

有位同学突发奇想，他在手掌心贴了一个黑色的圆纸片，伸开手掌，以此来模拟神经元结构，如右图所示，请回答：

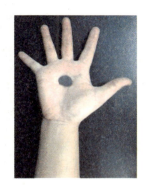

1. 神经元细胞与叶肉细胞相比，没有_____、_____和_____。

2. 手指模拟_____，圆纸片模拟_____，手臂内的骨头模拟_____，外面的皮肉模拟_____。（填神经元结构）

3. 该模型很生动，但没有突出轴突的特点，请指出不足之处。

附：作品展示

| 创意说明 | |
|---|---|
| | |

## 九、学法指导

漫画：《天生我材必有用》

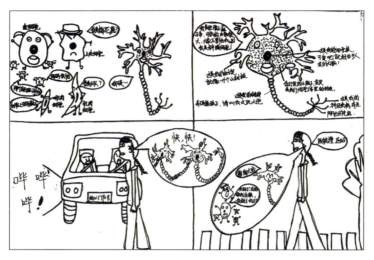

### 教师点评

　　漫画中呈现了不同的动物细胞，突出了神经元的结构特点，渗透了比较和类比的思维。通过具体事例巧妙地体现了神经元的作用——接受刺激，传导神经冲动，渗透了结构与功能相适应的生物学观点。

# 探究家鸽翱翔之谜
## ——解剖家鸽

长沙市稻田特立中学　唐慧方

**兴趣导语**

　　如果有一天，你拥有一双翅膀，你能飞起来吗？

　　鸟儿能够自由翱翔，有哪些适应飞行的结构特点呢？

## 一、观察目的

1. 观察家鸽的外形，描述家鸽适于飞行的特点；理解生物结构与功能相适应的生命观。

2. 解剖家鸽，观察家鸽的结构特点，归纳鸟适于飞行的特点。

## 二、材料用具

活家鸽、拔毛处理过的整家鸽、解剖盘、解剖剪、解剖刀、小型吸管、手套、烧杯、探头式体温测量仪。

## 三、方法步骤

**步骤一：**取活家鸽，观察其外形。

外部形态：体形呈_____型。

　　　　　体表覆有_____。

　　　　　前肢特化为_____，呈_____型。

**步骤二：**家鸽体温。

（1）手摸家鸽的皮肤，感知家鸽的体温_____（高/低）。

（2）经测量，家鸽的体温是_____。

**步骤三：**解剖家鸽。

（1）取已拔毛处理过的整只家鸽，由颈部剖开，注意力度，不要把颈部的气管割破。

温馨提示：为避免割破气管，可以先摸一摸家鸽嗉囊的位置。

（2）观察家鸽的胸肌。胸肌_____，附着在_____。

（3）观察家鸽的龙骨突，尝试在右框里绘制出胸骨与龙骨突的位置关系。

（4）观察气囊。用吸管对着气管的上端，用力吹气，观察气囊与肺的起伏，并拍摄视频记录。

（5）观察家鸽的各个内脏器官。

肺：呈_____色，布满了丰富的_____。

心脏：_____心房_____心室。

直肠：_____（长/短）

（6）观察家鸽腿长骨。剖开腿部肌肉，取出并剪断长骨，观察长骨内部是中空的吗？_____。

**步骤四：**清理实验台。

## 四、结果展示

根据观察到的结果，请归纳鸟类适于飞行的特点。

| 分类 | 特点描述 |
| --- | --- |
| 外部形态 | |
| 内部构造 | |
| 生理特征 | |

## 五、实验操作评价

| 实验步骤 | 操作要求及评分标准 | 满分(10) | 自评得分 | 互评得分 | 师评得分 |
|---|---|---|---|---|---|
| 1. 观察外形 | 描述出外形特点，并测得家鸽体温 | 1分 | | | |
| 2. 解剖家鸽 | 颈部气管和嗉囊没有被割破 | 1分 | | | |
| | 按要求观察到家鸽内部的各结构 | 3分 | | | |
| | 观察到气囊，并拍摄了视频 | 2分 | | | |
| 3. 整理桌面 | 实验台桌面进行整理还原 | 1分 | | | |
| 4. 归纳 | 归纳鸟类适于飞行的特点 | 2分 | | | |
| 合计 | | 10分 | | | |
| 改进之处或我的新发现 | | | | | |

## 六、自我检测

1.（原创）下图是小圆同学观察比较青蛙、鸟、鱼、蜥蜴的心脏的结果，请回答下列问题：

青蛙　　　　　　鸟　　　　　　鲫鱼　　　蜥蜴

（1）从图中可以看出，鲫鱼的心脏结构的特点是：＿＿＿＿＿＿＿＿＿＿＿

（2）鸟心脏结构与哺乳动物（人）基本一致，其循环途径也是双循环，满足高空飞行中氧气和能量的需求。请你写出人体肺循环的途径。

＿＿＿＿＿＿＿＿＿＿＿＿＿＿＿＿＿＿＿＿＿＿＿＿＿＿＿＿＿＿＿

＿＿＿＿＿＿＿＿＿＿＿＿＿＿＿＿＿＿＿＿＿＿＿＿＿＿＿＿＿＿＿

（3）根据心脏结构示意图，推测出上述四种生物的大致进化趋势。

＿＿＿＿＿＿＿＿＿＿＿＿＿＿＿＿＿＿＿＿＿＿＿＿＿＿＿＿＿＿＿

## 七、拓展延伸

1. 在解剖家鸽的实验中，我们已经知道了家鸽的骨骼具有坚硬、薄，长骨中空的特点。请设置实验说明家鸽的骨比其他动物的骨要轻。

2. 所有的鸟都能飞行吗？你能举例说出哪些鸟不会飞行吗？

## 八、学法指导

### 所有的鸟都能飞行吗？

通过解剖家鸽，我们探究到了鸟类适于飞翔的特征。但是不是所有的鸟都适于飞行呢？显然，我们熟悉的鸵鸟、企鹅等就不会飞。同学们，你知道它们为什么飞不起来吗？

与大部分能够飞行的鸟类比较，鸵鸟、企鹅两种鸟最重要的特征分别是：它们有的拥有细小的翼骨，有的胸骨上的龙骨缺失（或大幅度缩小）。细小的翼骨使拍翼的力度大减，由翼面提供的升力也不足以应付飞行所需；龙骨是翼肌附着的地方，凸起的龙骨大大增加所能附着的翼肌，从而提供拍翼时所需的强大的力量。但扁平的胸骨不足以达成上述的能力（所以也常被称作平胸类），因此失去飞行能力。此外，不会飞的鸟一般有较多的羽毛，像鸵鸟的羽毛就杂乱丛生。

鸵鸟体重太重，所以不会飞行。不会飞的鸵鸟在面对人类所造成的威胁时冲击较大，因此它们面临灭绝的概率也较高。幸运的是它们也较易被圈养保护，简单的栏杆已是有效的工具。虽不能飞，但是鸵鸟是长跑能手哦！这都得益于它发达的后肢。

企鹅不能飞翔的原因是体重太重，且翅膀不发达。但是游泳的本领在鸟类中是超级选手。许多水鸟游泳是靠长有蹼的双脚在水中划动前进，企鹅的脚虽然也长有蹼，却只用来当作控制方向的舵，前进的力量全靠那双船桨般的翅膀在水中振翅遨游。

通过观察与企鹅紧密相关的海鸟，科学家们确定，适合于飞行人的鸟的翅膀并不适合潜水和游泳。长期以来都有几个理论解释为什么企鹅无法飞行。一个观点认为，一些物种是因为缺乏地面的捕食者而失去了飞行能力。另一个观点是一种生物力学假设：当鸟类飞行和潜水的时候，它必须使用翅膀进行两种不同的工作。从生物力学假设，无法打造出同时擅长这两种工作的翅膀。

企鹅曾经面临一种进化选择，是选择在空中飞行还是选择在水下灵活游动？随着翅膀在企鹅潜水时变得越来越高效，它们的飞行能力就变得越来越弱。在某一时刻，飞行就变得非常费力，因此最好的选择就是放弃飞行，而且让翅膀缩小成为鳍状肢。

通过上面的资料阅读，你能总结出哪些生物学观点呢？

### 教师点评

同学们可以通过资料的阅读，培养提炼信息、获取知识的能力，拓宽自己的知识面。鸟在进化的历程中，具备了适于飞行的特征。但不是所有的鸟都能飞行，所以凡事都不能一概而论，需要理性思考：它们的身体结构特征与善飞的鸟有什么不一样呢？这无形中又让鸟类适于飞行的特征在脑海里过了一遍。当然，不善飞行的鸟也有相应的结构特征适应其他环境。这不正体现了结构与功能相适应，生物与环境相适应的生命观吗？

# 解密弹跳健将的终极谜底
## ——解剖青蛙

长沙市雨花区雅境中学　董赛男

兴趣导语

"妈妈有腿没有尾，儿子有尾没有腿，儿子长大变了样，脱掉尾巴长出腿。"聪明的你一定猜出了谜底，就是青蛙。青蛙的身体有哪些结构？它的运动器官又是怎样协调完成各种动作的呢？

## 一、目的要求

1. 通过解剖青蛙，观察青蛙的运动系统组成——肌肉、关节、骨。

2. 通过对屈腿和伸腿动作的观察与思考，初步认同生物体是一个统一整体的观点。

## 二、材料用具

青蛙、白酒、解剖盘、解剖镊、解剖剪、解剖刀、解剖针、圆头镊子、棉花、培养皿。

## 三、方法步骤

**步骤一：** 将青蛙放入密闭的容器中，再放入浸有白酒的棉花，待青蛙深度麻醉后，取出并用清水冲洗体表。

**步骤二：** 将标本置于解剖盘上，腹面向上，持解剖镊提起腹部皮肤，用解剖剪去除整个皮肤。

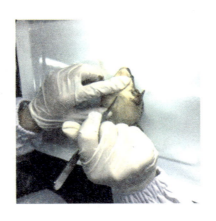

步骤三：取下青蛙的后腿，用解剖针与镊子小心剥离出其大腿处的一块肌肉。

步骤四：观察青蛙骨骼肌结构。

骨骼肌横跨_____块骨上，一块完整的骨骼肌由_____和_____构成。

尝试让青蛙进行屈腿和伸腿。屈腿时，股二头肌_____，股三头肌_____；伸腿时，股二头肌_____，股三头肌_____。

步骤五：尝试用力掰开青蛙的关节，使其脱臼，感受关节囊的牢固与柔韧性。

步骤六：将标本置于解剖盘上，持解剖剪剪去青蛙关节处的韧带，观察关节内部结构。用手触摸关节软骨。感受关节软骨的光滑与弹性。

## 四、结果展示

**请在照片上标出肌肉和关节的各结构名称**

|  |  |
| --- | --- |
| 我的发现<br>（照片或绘图展示） |  |

## 五、师生评价

| 内容 | 自评 | | | 互评 | | | 师评 | | |
| --- | --- | --- | --- | --- | --- | --- | --- | --- | --- |
|  | 优 | 良 | 合格 | 优 | 良 | 合格 | 优 | 良 | 合格 |
| 等第评价 |  |  |  |  |  |  |  |  |  |
| 改进之处 |  |  |  |  |  |  |  |  |  |

## 六、自我检测

小雅在解剖青蛙时，发现了以下问题，请结合生物学知识帮助她解释。

1. 尝试对青蛙进行屈腿，发现此时股二头肌收缩，股三头肌舒张，由此说明，要完成一个动作，通常需要＿＿＿＿＿＿以上的骨骼肌共同配合完成。骨骼肌的收缩要受＿＿＿＿＿＿的协调和控制。运动消耗的能量来自细胞进行的＿＿＿＿＿＿作用。

2. 青蛙产生躯体运动时，是以骨为＿＿＿＿＿＿，以关节为＿＿＿＿＿，骨骼肌的收缩提供＿＿＿＿＿＿完成的。

## 七、拓展延伸

你能利用其他材料自制一个屈肘伸肘模型吗？请将你的作品拍照并粘贴在下方。

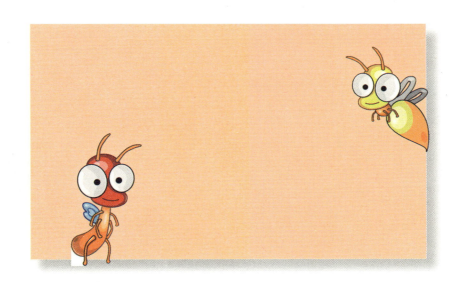

## 八、学法指导

青蛙的眼睛很特别，在迅速飞动的各种形状的小动物里，青蛙可立即识别出它最喜欢吃的苍蝇和飞蛾，而对其他飞动着的东西和静止不动的景物都毫无反应。

人们根据蛙眼的视觉原理，已研制成功一种电子蛙眼。这种电子蛙眼能像真的蛙眼那样，准确无误地识别出特定形状的物体。把电子蛙眼装入雷达系统后，雷达抗干扰能力大大提高。这种雷达系统能快速而准确地识别出特定形状的飞机、舰船和导弹等，特别是能够区别真假导弹，防止以假乱真。

你还能列举哪些青蛙结构应用于生活中的例子吗？

### 教师点评

我们研究动物的目的除了能更好地保护它们之外，还能够有效地利用它们来为人类服务，以上作者描述的是一种仿生技术，即根据动物的形态结构或生理功能，发明创造各种仪器设备。同学们，我们学习的目的不仅仅是为了考试，更重要的是解决生产生活中的实际问题。

# 发酵食品DIY秀
## ——制作酸奶

长沙市雨花区雅境中学　刘 赟

### 兴趣导语

　　酸甜可口的酸奶，诱人的泡菜，醇香的干红葡萄酒，形态多样的馒头、花卷……想必你已经垂涎欲滴了吧。如此多的发酵食品等你来做。让我们动手来制作一种自己最喜爱的发酵食品吧！

## 一、目的要求

　　1.熟悉微生物发酵的原理，掌握基础微生物发酵技术。

　　2.体验发酵食品的制作过程，熟悉发酵食品制作过程中的注意事项。

　　3.通过体验发酵食品的制作，培养学生热爱生活、勤于思考、乐于实践创作的科学精神。

　　4.在探究过程中形成良好的科学态度和严谨的科学习惯。

　　5.通过发酵食品包装设计、广告设计、展销活动等，培养创新意识和团队协作精神。

## 二、材料用具

　　新鲜纯牛奶、原味酸奶、糖、装成品的容器、搅拌勺、锅、毛巾等。

## 三、方法步骤

**步骤一：** 发酵原理。

利用乳酸菌或酵母菌进行无氧呼吸，分解有机物。

酵母菌在无氧条件下通过无氧呼吸产生酒精：

$$有机物 \xrightarrow[\text{无氧条件}]{\text{酵母菌}} 酒精+二氧化碳+能量$$

乳酸菌在无氧条件下通过无氧呼吸产生乳酸：

$$有机物 \xrightarrow[\text{无氧条件}]{\text{乳酸菌}} 乳酸+能量$$

**步骤二：** 基本步骤。

灭菌（消除杂菌）→冷却接种（含活菌种）→密封→发酵。

（1）灭菌：用开水（或温开水）洗净器具与双手，或将基质高温灭菌后冷却。

（2）接种：将所需菌种（如酵母菌/原味酸奶/泡菜水等）放入基质中并拌匀。

（3）密封：隔绝外界空气和微生物，防止其他微生物干扰发酵。同时是为了满足菌种在无氧条件下进行发酵。

（4）发酵：在密封条件下，按要求控制培养的温度和时间。

**步骤三：** 示例——酸奶制作。

（1）先准备装成品的容器（保鲜盒或密封瓶都行），将所有器材洗净，并用开水烫一遍晾干备用。

（2）牛奶和糖入锅，中小火加热至微沸后离火，其间不断搅拌，以免糊底。

（3）放至锅壁不烫手时，加入原味酸奶搅拌均匀。

（4）倒进容器并密封，裹上毛巾，放温暖处发酵至浓稠。

（5）存入冰箱冷藏室保存24h之后，随吃随取，取时要用无油无水的干净勺子。

## 四、作品展示

| 产品名称 | | | |
|---|---|---|---|
| 宣传标语 | | | |
| 制作时间 | | 制作团队 | |

| 团队分工 | 姓名 | 负责内容 | |
|---|---|---|---|
| | | | |
| | | | |
| | | | |
| | | | |

| 产品设计 | 创意灵感： |
|---|---|

设计图：

收获：

## 五、师生评价

| 内容 | 自评 | | | 互评 | | | 师评 | | |
|------|------|------|------|------|------|------|------|------|------|
| | 色 | 香 | 味 | 色 | 香 | 味 | 色 | 香 | 味 |
| 分数评价 | | | | | | | | | |
| 改进之处 | | | | | | | | | |

注：分数评价满分10分，评分精确到小数点后一位。

## 六、自我检测

1. 本次发酵食品展销会中有下列食品，其中利用的主要微生物不正确的是（　　）。

    A. 面包——酵母菌　　　　　　　　　　B. 酸奶——乳酸菌

    C. 食醋——醋酸（杆）菌　　　　　　　　D. 泡菜——霉菌

2. 本次发酵食品展销会上，同学们分享了发酵食品制作心得。下列制作流程正确的是（　　）。

    A. 各种酒生产过程的核心环节都离不开霉菌的发酵作用

    B. 制作泡菜的坛子加水密封隔绝空气是为了抑制杂菌繁殖

    C. 所有发酵食品的制作都是利用细菌进行的

    D. 制作酸奶时，应将加糖后的新鲜牛奶煮沸，冷却后倒入酸奶并封存

## 七、拓展延伸

1. 在制作发酵食品的过程中，你是否出现了某些意外情况？尝试分析原因。

2. 有些发酵食品（如酸奶）可以与其他食物（如水果、干果等）混合调配，做成色美味佳的食品，你会吗？请设计发酵食品的风味调配设计方案。

## 八、学法指导

> 美味食品究原理，发酵过程要牢记。
> 乳酸产自乳酸菌，酒精来源酵母菌。
> 无氧呼吸为核心，发酵过程须封闭。
> 温度保存应适宜，耐心等候出成品。

### 教师点评

　　顺口溜中包含了发酵食品制作的过程细节、制作原理和相关的生物学知识，既朗朗上口，也具备科学性和指导性。通过字词的浓缩提炼，突出了发酵食品制作的重点，并关注了学生制作过程的心理活动，渗透了生命观。

# 简单生物不简单
## ——制作病毒模型

长沙市雨花区雅境中学 吴 芳

**兴趣导语**

  2018年7月，广西贵港320人呕吐腹泻，在呕吐物、排泄物中检测出诺如病毒，初步确诊为诺如病毒感染性呕吐腹泻。

  8月份，我国发生三起非洲猪瘟疫情，该病是由非洲猪瘟病毒引起的接触性动物传染病。

  如今，病毒引起的传染病时常爆发，越来越多的病毒陆续被人类发现。病毒究竟是什么样的生物呢？让我们通过模型的制作来深入地了解病毒的结构特点吧！

## 一、制作原理

  1.病毒分为植物病毒、动物病毒和噬菌体。病毒没有细胞结构，由蛋白质外壳和内部的遗传物质组成。

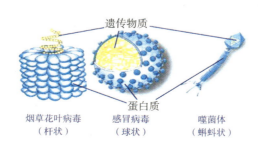

遗传物质

蛋白质

烟草花叶病毒
（杆状）

感冒病毒
（球状）

噬菌体
（蝌蚪状）

2.病毒形态万千，但它们的基本结构是相似的，所以，可以利用不同的材料来制作病毒模型，进一步了解病毒的基本结构特点。

## 二、材料用具

电话线发圈、绳、线、轻质橡皮泥、彩纸、塑料杆、磁力珠和磁力棒、玩具球、泡沫球（可网购各种形态）、吸盘球（见下图）等。

## 三、方法步骤

查找一种病毒的图片资料，根据图片选择合适的材料制作模型，体现蛋白质外壳和内部遗传物质。

（备注：以下图片仅供参考，请发挥自己的想象力和创造力，制作更有创意的模型。）

## 四、作品展示

（见附录）

## 五、师生评价

| 内容 | 自评 | | | 互评 | | | 师评 | | |
|---|---|---|---|---|---|---|---|---|---|
| | 优 | 良 | 合格 | 优 | 良 | 合格 | 优 | 良 | 合格 |
| 等第评价 | | | | | | | | | |
| 改进之处 | | | | | | | | | |

## 六、自我检测

以下是某位同学制作的植物细胞、草履虫和病毒的结构模型，请据图片完成下列填空：

甲　　　　　　　乙　　　　　　　　丙

1. 甲图模拟的是植物细胞，判断的依据是它有以下结构：红条吸管模拟_____，透明塑料壳模拟_____，绿色泡沫模拟_____。（填结构名称）

2. 甲、乙两者结构与丙相比，最大的差异是丙代表的生物没有_____结构，因此只能寄生。若丙寄生在甲中，则丙属于_____病毒。

3. 三个模型中，你最喜欢哪一个，请指出其优点。

_____

## 七、拓展延伸

1. 制作病毒的立体模型后，请再开动脑筋，制作一份可以动态演示噬菌体侵染细菌细胞的模型。

2. 请查找资料，了解病毒与疫苗研制的关系以及病毒使生物患病的原理，并阐述简单的病毒为什么"不简单"。

## 八、学法指导

### 病毒的自白

大家好，我是病毒，想必大家对我已十分熟悉了。我的结构简单，仅由蛋白质外壳和内部的遗传物质构成。我们的家族十分庞大，我的亲戚们有的住在高楼大厦里——植物细胞内，有的住在大别墅里——动物细胞内，还有的住在小单间里——细菌细胞内。

每当人们议论到我，总会恐惧不堪，对我们引发的疾病也十分痛恨。对此，我感到十分抱歉。但大家不知道的是，其实我们也能为人类造福。例如，当我们被灭活或减毒后可作为疫苗帮助人们产生抗体，增强免疫力，预防传染病。再者，我们当中的噬菌体可以寄生在有害细菌体内，帮助人们灭菌。还有，我们在基因工程中也是科学家的得力助手。

希望大家辩证地看待我们病毒家族，我们也是自然界中的一员，希望与大家和谐相处，共同维护生态平衡，促进物质循环！

### 教师点评

通过第一人称的拟人化的描述，简单地介绍了病毒的特点，尤其在阐述与人类的关系方面，辩证地分析了利弊，让我们对病毒的认识更深入、全面。

附：作品展示

| 创意说明 | |
|---|---|
| | |

# 植物的华丽转世
## ——嫁接与扦插

长沙市雨花区石燕湖中学　李姣贤

**兴趣导语**

　　你在菜市场上看到的黄瓜一般都是又大又直的，你可想到它们其实是长在南瓜根上的吗？这是用了什么技术？用这种技术培养的植物还有哪些呢？

## 一、目的要求

　　1.尝试通过植物扦插，了解扦插繁殖的原理和过程。

　　2.尝试通过植物嫁接，理解嫁接苗成活的原理和嫁接繁殖的特性。

　　3. 通过实验总结无性生殖的特性，培养学生的动手能力，引导学生关注生命成长的过程，了解生命活动的规律。

## 二、材料用具

　　剪刀、解剖剪、空花盆、已消毒的营养土、杜鹃、绿萝、烧杯、生长健壮的蟹爪兰茎、盆栽秘鲁天轮柱、牙签。

### 三、方法步骤

**步骤一：**扦插。

（1）选择健壮的杜鹃枝条、绿萝茎，分别剪成有两个节的小段。

（2）将枝条的上端＿＿＿＿＿＿＿＿（横切或斜切），将下端＿＿＿＿＿＿＿＿（横切或斜切）。

（3）将杜鹃茎段插入准备好的花盆土壤中，将绿萝茎段插入盛水的烧杯中。

（4）将扦插好的植物放到温暖且避免阳光直射的地方培养，观察。

**步骤二：**嫁接。

（1）砧木处理：将秘鲁天轮柱的肉质茎上端用小刀横切断，再在一个棱上用解剖刀纵向直切一个2cm深的口子。

（2）接穗处理：将作为接穗的蟹爪兰下端削成楔形斜面（花蕾期的蟹爪兰选择有较幼小花蕾的肉质茎，可通过花芽的生长状态来判断接穗是否成活）。

（3）嫁接：将接穗和砧木对接好，用牙签固定。

（4）后续管理、观察、记录。

## 四、实验过程及结果记录

| 植物 | 处理方法 | 评价实验成功标志 | 新植株长成所需时间 | 备注 |
|------|----------|------------------|--------------------|------|
| 土插杜鹃 | | | | |
| 水培绿萝 | | | | |
| 三棱剑 | | — | | |
| 蟹爪兰茎 | | | | |

## 五、师生评价

| 内容 | 自评 | | | 互评 | | | 师评 | | |
|------|------|------|------|------|------|------|------|------|------|
| | 优 | 良 | 合格 | 优 | 良 | 合格 | 优 | 良 | 合格 |
| 等第评价 | | | | | | | | | |
| 改进之处 | | | | | | | | | |

## 六、自我检测

1. 扦插时的枝条一般要剪成有两个节的小段，一节插入土壤，一节留在外面，是因为茎节处有下列哪种组织？（　　　）

　　A. 保护组织　　　　B. 分生组织　　　　C. 营养组织　　　　D. 输导组织

2. 扦插时，常将枝条上的叶片去掉一部分，将上方的切口切成平口，这样做的目的是（　　　）。

　　A. 减少光合作用　　　　　　B. 减少呼吸作用

　　C. 减少蒸腾作用　　　　　　D. 减少吸收作用

3. 香蕉苹果的枝条上嫁接红富士苹果的芽，该芽长成的枝条结出的果实是（　　　）。

　　A. 香蕉苹果　　　　　　　　B. 香蕉和红富士两种苹果

　　C. 红富士苹果　　　　　　　D. 具有香蕉和红富士味道的苹果

4. 扦插和嫁接都是_____繁殖方式，在生殖过程中不会出现_____。

5. 在扦插实验中，同学们做了一组对照实验，第一组去掉一部分枝叶的同时，还去掉了顶芽，第二组只去掉了一部分枝叶，保留了顶芽。他们的实验目

的是_____，实验变量是_____。
若要证明保留顶芽有利于扦插的成活，则预期看到的实验结果是_____
_____。

## 七、拓展延伸

1. 动物有了伤口，在伤口处消毒，能使伤口正常愈合，那么扦插时，对茎段的切口进行消毒，可否能促进扦插植物更快生根成活？

2. 生根粉其实是一种植物激素，有促进细胞的分裂和分化的作用，用生根粉溶液浸泡扦插的植物，能提升扦插茎段的生根速度和成活率吗？

3. 木本植物嫁接，成活的关键是要让接穗和砧木的形成层紧密结合在一起。请尝试进行木本植物的嫁接。

## 八、学法指导

### 被子植物的生殖

植物繁殖花样多，有性生殖最常见。

开花结果留种子，春回大地忙播种。

两性亲本传基因，遗传变异显身手。

无性生殖承母性，生根容易选扦插。

果树花木常嫁接，抗虫抗病好砧木，

花美果甜做接穗，合二为一取优势。

组织培养不忘记，大量快速还脱毒。

有性无性互补充，世代繁衍是王道。

**教师点评**

这首诗主要概括了被子植物繁殖的方式和特点。对植物的生殖理解深刻，对被子植物的各种生殖方式的阐述精简到位，充分体现了生物学学科素养，传唱中提升了学生对植物生殖知识点的认知和文化素养。

# 巧实验

# 知冷知热的鱼

## ——探究水温对鱼呼吸频率的影响

长沙市雨花区雅境中学　吴　芳

### 兴趣导语

　　炎热的夏天，总是能看到狗吐着长长的舌头喘气，这是为什么呢？原来狗的汗腺主要分布在舌头上，所以为了散热，狗就会吐出舌头，这样可以分泌大量的唾液来代替汗水散热；喘气，通过增加呼吸频率，也可以帮助散热。那么，其他动物可否通过增加呼吸频率来散热呢？让我们以鱼为例来进行探究吧！

## 一、目的要求

　　1. 通过探究水温对鱼呼吸频率的影响，初步认识非生物因素对生物的影响。

　　2. 通过实践，体验科学探究的过程，理解对照实验的设计原则。

## 二、实验原理

　　1. 鱼在水温高时，各种代谢活动增强，耗氧增加，产热增加，体温升高，鱼通过增加呼吸的次数，把体内热量经鳃散发到体外，同时，也加大了氧气的摄入量，以满足代谢增强的需要。在水温较低时，鱼的各种代谢活动降低，产热减少，为了保

持体温不低于水温，鱼靠减少呼吸的次数来减少热量的散失。

2. 水从口流经鳃，完成气体交换后，从鳃盖边缘流出，因此，口和鳃盖交替张合一次就是呼吸一次。实验时，可以直接用鳃盖的张合次数来判定鱼的呼吸次数。

## 三、材料用具

体长相近且健康的锦鲤、水槽、温度计、计时器（或可计时的手表）、冰袋、热水、静置了一天的自来水。

## 四、方法步骤

**步骤一：** 提出问题。

温度对锦鲤的呼吸频率有影响吗？

**步骤二：** 做出假设。

温度对锦鲤的呼吸频率有影响。

**步骤三：** 制订计划。

（1）分组、分工（计时、记录、计数等）。

（2）每组准备3个水槽、9条鱼、温度计、计时器等。

（3）A、B、C水槽加入等量的自来水。温度设置如下：A槽15℃，B槽25℃，C槽35℃。

（4）每个水槽放入一条鱼，计数20s内鳃盖张合的次数，每条鱼重复记录三次。另取两条锦鲤分别重复此实验步骤。（注意实验过程中保持水温一致）

**步骤四：** 实施计划。

（组次较多的班级可以每个水槽只用一条鱼进行实验，重复计数三次，组间进一步构成重复实验。）

**步骤五：** 结果记录（制订表格）。

第_____组数据统计表

| 水槽 | 第一条鱼 | | | 第二条鱼 | | | 第三条鱼 | | | 平均值（或求和） |
|---|---|---|---|---|---|---|---|---|---|---|
| | 第1次 | 第2次 | 第3次 | 第1次 | 第2次 | 第3次 | 第1次 | 第2次 | 第3次 | |
| A槽 15℃ | | | | | | | | | | |
| B槽 25℃ | | | | | | | | | | |
| C槽 35℃ | | | | | | | | | | |

全班数据统计表

| 水槽 | 第1组 | 第2组 | 第3组 | 第4组 | 第5组 | 平均值 | 呼吸频率（每分钟） |
|---|---|---|---|---|---|---|---|
| A槽 15℃ | | | | | | | |
| B槽 25℃ | | | | | | | |
| C槽 35℃ | | | | | | | |

**步骤六：** 描述结果。

_____。

**步骤七：** 得出结论。

_____。

**步骤八：** 表达与交流。

（1）对于数据的处理要讲究科学性，实验总是会存在误差，对于误差较大的数据是否能舍弃？表格中全班的平均值数据，请用柱状图或曲线图更直观地表现出来。

（2）实验过程中，你还发现了什么问题呢？请小组内进行分析讨论。

_____

_____

## 五、师生评价

| 内容 | 自评 | | | 互评 | | | 师评 | | |
|------|------|------|------|------|------|------|------|------|------|
| 等第评价 | 优 | 良 | 合格 | 优 | 良 | 合格 | 优 | 良 | 合格 |
| | | | | | | | | | |
| 改进之处 | | | | | | | | | |

## 六、自我检测

废旧电池腐烂后,因含汞、铅、铜等物质，会造成水质污染，满江红可以美化水体景观、净化水质。针对以上问题，某同学开展了研究活动，方案结果见下表。

| 项目组别 | A | B | C |
|---------|-----|-----|-----|
| 加无污染河水的体积 | 500mL | 500mL | 500mL |
| 加废电池的数量 | 不加 | 1节5号 | 1节5号 |
| 加满江红的数量 | 不加 | 不加 | 30g |
| 放同样小鱼的数目 | 1条 | 1条 | 1条 |
| 小鱼存活的时间 | 10天 | 3天 | 8天 |

1. 为探究废电池是否会污染水质，则应选择_____两组进行对照实验。

2. 表中B、C两组对照可得出的实验结论是：满江红能_____。

3. 该实验设计中明显的不足之处是_____。

4. 满江红生活在水中，能净化水质，这充分体现生物既能适应环境，又能_____。

5. 你从本实验得到的启示是_____。

## 七、拓展延伸

1. 根据实验原理可知，水中的氧气含量也会影响鱼的呼吸频率，请按照本实验的步骤设计实验方案，简要地写出过程。

2. 根据你已有的知识和经验，请推测还有什么因素会影响鱼的呼吸频率。

## 八、学法指导

**解答对照实验题的顺口溜**

指导教师：陈菊英

学生物，并不难，

实验题，有方法。

先读题，看材料，

找准变量很重要。

假设跟着变量走，

这分一定跑不了。

做实验，细观察，

数据现象为结果，

变量结果相结合，

推出结论不会错。

实验错误有两点，

变量多，材料少，

单一变量是关键，

重复组也少不了。

到最后，提一句，

题目真的很重要，

答案可以题中找，

耐心读题少不了。

**教师点评**

　　巧妙的顺口溜，总结了对照实验的答题方法和技巧，精辟易于记忆，实用性很强，但是每句最后一个字尽量要押韵一点，这样读起来就朗朗上口了。

# 植物"能源站"

## ——探究植物的呼吸作用

长沙市长郡雨花外国语左家塘学校　袁爱华

### 兴趣导语

　　你知道园艺工人在种植盆栽时，为什么要在花盆底留几个小洞吗？那是因为植物和人一样也要进行呼吸，植物是怎样进行呼吸的呢？让我们一起来探究吧！

## 一、目的要求

　　通过实验探究植物的呼吸作用中物质与能量的转换关系，初步形成物质与能量观。

## 二、实验原理

　　1.植物的呼吸作用产生了二氧化碳，二氧化碳能使澄清的石灰水变浑浊。

　　2.植物的呼吸作用消耗了氧气，缺氧环境中点燃的蜡烛会熄灭。

　　3.植物的呼吸作用释放了能量，瓶内温度会上升。

## 三、材料用具

　　容量为4L的空塑料瓶、温度计、打孔器、新鲜的树叶、煮熟的树叶、长吸管、蜡烛、打火机、燃烧匙、标签纸。

## 四、方法步骤

**步骤一：** 组装实验装置。

（1）将等量新鲜和煮熟的树叶（如樟树叶等）分别装入两个空塑料瓶中。

（2）将插有温度计的瓶盖盖紧，把两个塑料瓶分别放入两个相同的不透光的保温袋中。

**步骤二：** 观察与记录。

（1）10～24h后，从保温袋中取出塑料瓶，观察两支温度计显示的温度。

（2）分别从两个塑料瓶中取出温度计，迅速插入长吸管。准备两杯等量的澄清石灰水，分别将两个塑料瓶中的长吸管伸入石灰水中，挤压塑料瓶壁，观察石灰水的变化。

（3）打开瓶盖，将燃烧的蜡烛分别伸进两个塑料瓶口内，观察蜡烛燃烧情况。

（4）实验结果记录如下：

| 结果<br>分 组 | 温度 | | 澄清石灰水<br>的变化 | 蜡烛燃烧情况<br>（燃烧/熄灭） |
| --- | --- | --- | --- | --- |
| | 实验前℃ | 实验后℃ | | |
| 新鲜的树叶 | | | | |
| 煮熟的树叶 | | | | |

**步骤三：** 得出结论。

实验证明，植物的呼吸作用消耗了_____，产生了_____，释放出了_____。

## 五、师生评价

| 内容 | 自评 | | | 互评 | | | 师评 | | |
|------|------|------|------|------|------|------|------|------|------|
| 等第评价 | 优 | 良 | 合格 | 优 | 良 | 合格 | 优 | 良 | 合格 |
| | | | | | | | | | |
| 改进之处 | | | | | | | | | |

## 六、自我检测

2018年9月，受台风"山竹"影响，广东某地区600个大棚内的蔬菜因水涝时间久，全部烂根而死，农民损失惨重。水涝为什么会使蔬菜因烂根而死呢？下列解释正确的是（　　　）。

A.蔬菜根部细胞因吸水过多而胀破

B.土壤中水多，促进了蔬菜根部细胞的光合作用

C.土壤中缺氧，抑制了蔬菜根部细胞的呼吸作用

D.水涝抑制了蔬菜的蒸腾作用

## 七、拓展延伸

水培是一种新型的室内植物无土栽培方式。小丫在学校生物基地尝试水培了一盆白掌，这朵白掌如绿叶丛中的白鹤翘首而立，非常惹人喜爱。可水培一段时间后，小丫发现白掌逐渐出现了缺氧烂根现象，怎么办呢？小丫在生物老师的指导下，改进了水培装置（见右图），白掌又恢复了往日的生机。解决水培植物缺氧烂根问题，你还有更好的创意设计吗？请给你的设计装置拍照并粘贴在下方。

定植蓝
棉线绳
营养液

作品展示：

| | |
|---|---|
| 创意说明 | |

## 八、学法指导

**植物体的呼吸作用**

植物体，要呼吸。

活细胞里转化急。

酶参与，耗氧气，

有机分解变无机。

二氧化碳是其一，

水产生，能量逸，

植物体，够活力，

生命过程真神秘！

**教师点评**

　　这首诗主要概括了植物体呼吸作用的场所、原料、产物、物质和能量的转化及呼吸作用的意义等内容。学生只有深刻理解了呼吸作用的相关知识并且具有了一定的物质与能量等生命观素养和文学素养，才能创作出这样精辟的文学作品。

# 蜗牛"喝酒"不再"牛"

## ——探究酒精对蜗牛心率的影响

长沙市西雅中学　刘　慧

**兴趣导语**

　　研究表明，酒精可以使少年儿童的大脑功能发生变化，导致神经发育受阻，进而影响其认知和行为能力。通俗点说：喝酒会让少年儿童变笨！你还了解酒精对人体的其他危害吗？

## 一、目的要求

　　1. 围绕探究的课题，能正确地提问、做出假设、制订与实施计划和得出结论。

　　2. 培养实事求是的科学态度，以及一定的探索精神和创新意识。

　　3. 认同选择健康的生活方式的重要性。

## 二、实验原理

　　蜗牛是大家非常熟悉的动物，归属于软体动物门、腹足纲。蜗牛虽小，五脏俱全，那它的心脏的位置在哪里呢？在它凹壳面的右侧有一个透明的心腔，透过壳，用肉眼，我们能清晰地看到心脏的收缩与舒张。

心脏

## 三、材料用具

蜗牛几十只（薄壳）、清水、不同浓度梯度的酒精溶液（5%、10%、15%）、计时器。

## 四、方法步骤

**步骤一：** 提出问题——酒精对蜗牛的心率有什么影响？

**步骤二：** 做出假设——一定浓度范围内，酒精会抑制/促进蜗牛的心率。

**步骤三：** 制订与实施计划。

1. 选材编号，基本处理：取数只大小相同、健康状况一致（心跳快慢相当）的蜗牛，分为8组并编号。（将全班分成4个大组，8个小组，每小组6人，每大组分别探究一个浓度）

2. 对照处理：将8个组的蜗牛同时放入不同浓度梯度的酒精中浸泡10min。1人负责统一计时与汇总数据，另外5人同时取出5只蜗牛，分别用湿纸巾擦拭心脏部位的壳，用计数器（或口头数）记录蜗牛一分钟心跳次数（以"次/分钟"为单位）。

3. 观察与记录，实验结果取平均值。

| 溶液 ＼ 编号 | 第1只 | 第2只 | 第3只 | 第4只 | 第5只 | 平均值 |
|---|---|---|---|---|---|---|
| （　　）%酒精中心跳次数 | | | | | | |

4. 整理各大组的数据，填表并绘制曲线图。

| 组号 ＼ 溶液 | 清水 | 5%酒精 | 10%酒精 | 15%酒精 |
|---|---|---|---|---|
| 平均值1 | | | | |
| 平均值2 | | | | |
| 总平均值 | | | | |

**实验结果统计图**

**步骤四**：得出结论，表达与交流。

1.酒精对人体有什么伤害？

2.健康的生活方式有哪些？

## 五、师生评价

| 内容 | 自评 | | | 互评 | | | 师评 | | |
|------|------|------|------|------|------|------|------|------|------|
| 等第评价 | 优 | 良 | 合格 | 优 | 良 | 合格 | 优 | 良 | 合格 |
| | | | | | | | | | |
| 改进之处 | | | | | | | | | |

## 六、自我检测

某生物兴趣小组进行了"不同浓度的酒精对蜗牛心率的影响"的探究活动，结果见下表。下列说法正确的是（　　　）。

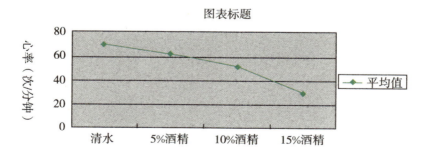

图表标题

A.酒精浓度越高，蜗牛心率越快

B.清水组是对照组

C.为了节省成本用一只蜗牛做实验就可以

D.青少年大量饮酒不会影响心脏的健康

## 七、拓展延伸

你能利用蜗牛、烟草等实验材料自主设计探究实验来验证吸烟有害健康吗？请写出你的实验方案。

## 八、学法指导

**健康生活方式顺口溜**

现代生活方式变，慢性疾病很多见；

健康生活可避免，四大基石保平安；

合理膳食看指南，适量运动多锻炼；

戒烟限酒是重点，心理平衡要乐观。

**教师点评**

　　顺口溜的特点是篇幅简短、语言活泼、便于记忆。同学们不妨试试这个有趣的学习方法，将生物知识串成朗朗上口的顺口溜，在学中玩，在玩中学。

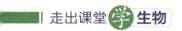
# 酵母菌"吹"气球

## ——探究发酵的原理

长沙市雨花区雅境中学　陈菊英

　　每当过节或者操办各种喜事的时候，人们总喜欢吹出五颜六色的气球，将它们高高挂起或者飞向天空，以增加喜庆的气氛。我想同学们也应该吹过气球。我们吹气球时是不是很费力呢？可是小到由一个细胞构成的酵母菌也会"吹"气球。那它们是怎么将气球吹起来的呢？

## 一、目的要求

1. 尝试应用对照实验探究酵母菌发酵的原理。
2. 能够准确描述发酵现象。
3. 通过探究发酵现象培养严谨的科学态度。

## 二、实验原理

当温度适宜时，酵母菌在无氧条件下将葡萄糖分解产生酒精和二氧化碳。

## 三、材料用具

干酵母粉、白糖、饮料瓶、温水、气球、记号笔。

## 四、方法步骤

**步骤一**：取3个相同的饮料瓶（最好是无色透明的），分别标号为1号、2号、3号。

**步骤二**：1号瓶中放酵母粉+白糖+温水，2号瓶中放白糖+温水，3号瓶中放酵母粉+温水，并搅拌均匀。

**步骤三**：将这3个瓶的瓶口套上气球密封起来，并放在同一温暖的环境中。

**步骤四**：观察并记录气球以及瓶中液体的现象。

| 标号 | 实验处理 | 气球 | 瓶中液体 |
|---|---|---|---|
| 1 | 酵母粉+白糖+温水 | | |
| 2 | 白糖+温水 | | |
| 3 | 酵母粉+温水 | | |

**步骤五**：分析结果，得出结论。

| 对照组 | 变量 | 结论 |
|---|---|---|
| 1号/2号 | | |
| 1号/3号 | | |

**步骤六**：请解释酵母菌将气球"吹"胀的原因。

## 五、师生评价

| 内容 | 自评 | | | 互评 | | | 师评 | | |
|---|---|---|---|---|---|---|---|---|---|
| | 优 | 良 | 合格 | 优 | 良 | 合格 | 优 | 良 | 合格 |
| 等第评价 | | | | | | | | | |
| 改进之处 | | | | | | | | | |

## 六、自我检测

1. 小明将干酵母粉、白糖和温水放进一个洁净透明的饮料瓶中，搅拌均匀，瓶口套上气球密封，放置在有阳光的窗台上，半小时后发现瓶内液体产生很多气泡，气球鼓起，由此可知酵母菌发酵产生了（　　　）。

    A. 二氧化碳        B. 气体        C. 酒精        D. 水

2. 某生物兴趣小组为验证酵母菌的发酵作用及其影响因素，设计了实验方案，在4个相同的瓶子中分别装入等量的相应物质，搅拌均匀，在4个瓶口处套上相同的气球并密封，置于温暖的环境下，一段时间后观察到如下现象。请根据现象回答下列问题。

| 装置 | 物质 | 温度 | 现象 |
| --- | --- | --- | --- |
| 1号 | 水+白糖+干酵母粉 | 25℃ | 有气泡产生，气球胀大 |
| 2号 | 水+白糖+干酵母粉 | 0℃ | 没有气泡产生，气球不胀大 |
| 3号 | 水+白糖+干酵母粉 | 90℃ | 没有气泡产生，气球不胀大 |
| 4号 | 水+葡萄糖 | 25℃ | 没有气泡产生，气球不胀大 |

（1）如果要探究温度对酵母菌发酵的影响，应该选用_____作为对照。

如果1号、2号进行对照，说明_____。

（2）为了进一步验证温度对酵母菌发酵有影响，小张同学将2号、3号装置都置于25℃的环境中，结果只有2号瓶中有气泡产生，并且气球胀大，这说明低温能够_____酵母菌的生长繁殖，而高温则能够_____酵母菌。

（3）为了进一步证明气球的胀大是酵母菌作用的结果，我们可以针对第4号装置做进一步的探究，请写出实验方法并预测实验结果。

_____

_____

## 七、拓展延伸

有的同学在寒冷的冬天将干酵母粉、白糖和温水放进饮料瓶中搅拌均匀，并套上气球密封，十几分钟后发现气球不但没有鼓起，反而被吸进瓶里了，请解释这一现象。你有什么方法能让气球出来并且逐渐胀大？请说明理由。

## 八、学法指导

### 教师点评

　　这位同学在鼓胀的气球上用笔描绘出了一张阳光的脸，然后用拟人的手法将酵母菌发酵后的实验现象生动形象地描述出来，既具有科学性，又增添了一些艺术的色彩，这样的实验看起来是不是更加有趣呢？

# 生男生女都一样

## ——探究人的性别遗传

长沙市明德雨花实验中学　张文静

 **兴趣导语**

　　如今，二孩政策早已放宽，越来越多的家庭会增加新成员。生男孩还是生女孩，是爸爸妈妈能够决定的吗？

## 一、目的要求

　　1. 通过模拟性别决定的过程，直观感受性别决定的因素，理解生男生女机会均等的原理。

　　2. 通过模拟性别决定的过程，进一步熟悉模拟实验的过程。

　　3. 通过模拟性别决定的过程，树立科学的生育观和男女平等思想。

## 二、实验原理

　　一般情况下，女性每个月排卵一枚，所携带性染色体为X；男性每月产生很多精子，所携带性染色体为X或Y。

　　两枚白棋的组合表示生女孩，一枚白棋、一枚黑棋的组合表示生男孩。

## 三、材料用具

　　两个不透光的袋子（或其他不透光容器）、白棋（模拟含X染色体的生殖细胞）、黑棋（模拟含Y染色体的生殖细胞）、记录表格（Excel表格可迅速计算平均值）等。

## 四、方法步骤

**步骤一：**分组、分工。

将全班进行分组，每组4人，组内成员进行分工（扮演父母、记录数据）。

**步骤二：**实验步骤。

（1）取两个不透光的袋子，分别注明"母亲""父亲"，分别模拟母亲的卵巢和父亲的睾丸。

（2）把1枚白棋放到标有"母亲"的袋子中，把白棋和黑棋各20枚放到标有"父亲"的袋子中，充分混合均匀。

（3）一人从"母亲"袋中抓取一枚棋子，另一人从"父亲"袋中随机抓取一枚棋子，并记录在下表中，然后将棋子放回原袋子中。以此方式重复进行10次。

| | 母亲 | 父亲 | | 统计 | |
|---|---|---|---|---|---|
| | X | X | Y | 男孩 | 女孩 |
| 第1次 | | | | | |
| 第2次 | | | | | |
| 第3次 | | | | | |
| 第4次 | | | | | |
| 第5次 | | | | | |
| 第6次 | | | | | |
| 第7次 | | | | | |
| 第8次 | | | | | |
| 第9次 | | | | | |
| 第10次 | | | | | |
| 合计 | | | | | |
| 男女比例 | 男孩:女孩= | | | | |

**步骤三：**记录结果。

汇总各小组的结果并记录于下表中，进行全班实验结果统计分析。

| 组数 | XX（女） | XY（男） | 男女比例 |
|---|---|---|---|
| 第一组 | | | |
| 第二组 | | | |
| 第三组 | | | |
| 第四组 | | | |
| 第五组 | | | |
| 第六组 | | | |
| 第七组 | | | |
| 第八组 | | | |
| 第九组 | | | |
| 第十组 | | | |
| 第十一组 | | | |
| 第十二组 | | | |
| 合计 | | | |

**步骤四**：得出结论。

本次实验说明：_____。

## 五、师生评价

| 内容 | 自评 | | | 互评 | | | 师评 | | |
|---|---|---|---|---|---|---|---|---|---|
| | 优 | 良 | 合格 | 优 | 良 | 合格 | 优 | 良 | 合格 |
| 等第评价 | | | | | | | | | |
| 改进之处 | | | | | | | | | |

## 六、自我检测

（1）小组得出的实验结果中，男：女的比例为什么不一定是1：1呢？统计全班的结果后，比例为何会更趋近1：1？

_____

_____

_____

（2）请思考还有哪些实验材料可以代替黑白棋子进行模拟，并请解释为何选取此材料。

_____

_____

_____

（3）小芽奶奶家附近有个邻居连生了五个女儿，周围村民都说她生不出儿子。不是说"生男生女机会均等"吗？请你运用生物学知识解释这一现象。

_____

_____

_____

## 七、拓展延伸

模拟实验"精子与卵细胞随机结合"的基本做法：用30颗白棋子，10颗黑棋子按一定原理装入两个纸盒中，每次从两纸盒中各摸取一颗棋子，记录白白、黑白的组合数量，见下表。请分析作答：

| 组合 | 1组 | 2组 | 3组 | 4组 | 5组 | 6组 | 7组 | 8组 | 9组 | 10组 | 合计 | 比例 |
|------|-----|-----|-----|-----|-----|-----|-----|-----|-----|------|------|------|
| 白白 | 2 | 6 | 3 | 5 | 4 | 9 | 6 | 5 | 7 | 5 | | |
| 黑白 | 8 | 4 | 7 | 5 | 6 | 1 | 4 | 5 | 3 | 5 | | |

1. 在做数据统计分析时，上表中第6组的数据应该_____（"保留"或"舍弃"）。

2. 模拟实验的操作过程中，下列做法错误的是（　　　）。

A. 选用一对透明塑料盒　　　　B. 记录完后放回原纸盒并摇匀

C. 取棋子时不看——盲换　　　　D. 在一个纸盒中放入数目相等的黑白棋子

## 八、学法指导

**国之兴起**

——人的生殖与发育过程

作者：骆仁能　指导教师：陈菊英

从前，大唐（卵巢）有一个文成公主（卵细胞）美貌无比，远在西藏的松赞干布（几亿个精子中的一个）决定前来提亲。可毕竟是美貌的公主，因此他的情敌不少（几亿个），可是松赞干布仍然抱着一颗必胜的心，打败了几亿个对手，获取了文成公主的芳心。于是松赞干布来提亲了，而文成公主也按捺不住，前往迎接（卵巢排卵），于是他们在路上（输卵管）相遇了，组成了一个家庭（受精卵）准备前往西藏。因为前往西藏的路途遥远，于是这个家庭不断扩大（细胞分裂），慢慢便形成了一个部落（胚泡）。又继续前行，终于这个部落来到了一个很广阔的地方（子宫），所有人都不想奔波了，于是松赞干布决定在此生根（胚泡着床——怀孕），他们的队伍不断扩大，形成了一个集团（胚胎），并在此建造布达拉宫（胎盘）。随着时间的流逝，他们的集团不断完善，他们开始发展交通运输业（循环系统），有了政治中心（神经系统），也逐步建立起了自己的军队、公检法部门（免疫系统）等，也开始与外界获得了联系（通过脐带）。两个月过去了，他们逐渐形成了一个小小的国家（胎儿），但这还是一个发展中国家，随着不断地发展壮大，40周后，变成了一个发达国家（成熟胎儿），此时母体给予他的营养已经不能满足需求了，于是国家元首希望搞"独立"，通过一场生死血搏战（分娩），终于脱离了母体，成为一个独立自主的发达国家（新生儿）。

**教师点评**

　　发挥创造力，将生物学知识融入历史故事中，生动形象、趣味性强，既有利于理解记忆，又体现了学科融合的魅力。

# 揭秘自然界里的伪装大师

## ——探究保护色的形成

长沙市明德雨花实验中学　张文静

### 兴趣导语

　　雪豹正趴在岩石上睡觉，它不费吹灰之力就与周遭的环境融为一体，仿佛天生就是伪装大师。那么动物的保护色是如何形成的呢？今天我们一起来探究一下吧！

## 一、目的要求

1. 模拟保护色的形成过程，初步了解生物进化的原因。

2. 掌握模拟实验的一般步骤，培养科学的探究意识。

3. 通过模拟实验，树立辩证唯物主义自然观，认同生物进化的观点。

## 二、实验原理

　　模拟实验法是不能用直接实验法的情况下，用模型进行实验，即模拟实验对象或者模拟某些实验条件，一般选择易于取得的材料做模型，花费少、简单易操作，是生物科学探究常用的方法之一。

　　本次实验选择模拟实验法。大彩纸模拟生物的生活环境，不同颜色的小方纸片模拟不同体色的生物个体，学生模拟捕食者。

## 三、材料用具

　　1张80cm×80cm的大彩纸，100个小方形彩色纸片（4种颜色，每种25个）。

### 四、方法步骤

**步骤一：**前期准备。

以小组为单位，6名学生为一组，组长是监督人，其他学生模拟"捕食者"，他们的"猎物"是小方纸片。组长在桌子上展开大彩纸，模拟生物的"生活环境"，并检查小方纸片，记下小纸片的颜色（代表不同的体色的变异类型）。

**步骤二：**进行实验。

（1）"捕食者"事先背对桌子，组长将小方形彩色纸片均匀地撒在大彩纸上。

（2）捕食者每转向桌子一次，迅速抓取一个小方纸片，放在另一只手中。

（3）重复动作，直到小方纸片剩下25个。

**步骤三：**数据统计。

统计"幸存者"中各种颜色的小方纸片的数目并填表。

**步骤四：**再次实验。

假设每个"幸存者"都产生3个后代，而且体色与自己的相同。在每个"幸存者"旁边放上3个备用的同色小方纸片。将"幸存者"和它们的后代充分混合，重复步骤二和步骤三。记录每轮各种颜色的小方纸片的数目。

| 背景颜色 | 猎物颜色 | 第一代 | | 第二代 | | 第三代 | | 第四代 | | 第五代 | |
| | | 开始数目 | 幸存者数 | 开始数目 | 幸存者数 | 开始数目 | 幸存者数 | 开始数目 | 幸存者数 | 开始数目 | 幸存者数 |
| | | | | | | | | | | | |
| | | | | | | | | | | | |
| | | | | | | | | | | | |
| | 总计 | | | | | | | | | | |

**步骤五：**实验结论。

## 五、师生评价

| 内容 | 自评 | | | 互评 | | | 师评 | | |
|------|------|------|------|------|------|------|------|------|------|
| 等第评价 | 优 | 良 | 合格 | 优 | 良 | 合格 | 优 | 良 | 合格 |
| | | | | | | | | | |
| 改进之处 | | | | | | | | | |

## 六、自我检测

保护色的形成，对生物的生活有什么影响？

_____

_____

## 七、拓展延伸

雨花区某中学学生对模拟保护色形成的实验进行了改进创新。

实验材料：小鸡两只，两张白纸，红、白、黑3种颜色的米粒各100粒（经过植物色素染色，对小鸡无害）。

实验过程：将3种颜色的米粒均匀地撒在白纸上，让小鸡啄食小米粒，一段时间后统计剩余米粒颜色及数量。

请思考如此改进可不可行？为什么？还可以怎样创新？

## 八、学法指导

### 动物换装记

天气渐渐凉了，树叶黄了，小草枯了，周围的一切已经由绿油油变成黄澄澄的了。妈妈带着小蝴蝶在田边欢快地玩着，感慨地说："大地又换上秋装了。"

突然，从枯草丛中发出"扑棱"一声，吓了小蝴蝶一跳。它仔细看了看，什么也没发现。妈妈说："可能是蚱蜢。"小蝴蝶摇摇头，说："蚱蜢？夏天的时候我见过，是绿色的。"

"嘘！"妈妈叫小蝴蝶别出声，它们又静静地盯着草丛。"扑棱——棱"，一只小昆虫又蹦跳了几下。这回，小蝴蝶看见了："是的，它长得跟蚱蜢一样，不过它是黄褐色的。"

妈妈说："它就是蚱蜢。草地是绿色的时候，它就穿绿色的衣服，草地变枯黄了，它就换上与草地颜色相似的衣服，这样就不容易被发现，能保护自己。这叫'保护色'，许多动物都有这种本领。"

"真的呀？"小蝴蝶很惊讶。妈妈带着小蝴蝶飞向森林，看到了正在树上带孩子的猩猩妈妈，它棕黄色的皮毛和大树的颜色一样。走着走着，它们又看到一群斑马在奔跑，斑马身上的条纹使人分不清是树林在动，还是马儿在跑……

眼见为实，这回，小蝴蝶明白了，动物为了生存都各有各的高招儿呀！它心想：以后再认识一种动物时不仅应注意它身上的颜色，还应注意观察它生活环境颜色的变化，说不定还能发现不少的动物呢！

### 教师点评

　　这则小故事以生动有趣的口吻、拟人的手法带领我们认识了这个奇妙的动物换装故事，既解释了保护色的形成，又能激发我们思考、观察、探索自然的兴趣。我们要多发现生物学习的趣味性，才能促进我们更好地学习生物！

板块四

4

深研学

# 或清新或狂野的多肉植物

## ——多变而顽强

长沙市雨花区雅境中学　黄　波

 兴趣导语

　　肉嘟嘟的多肉植物，可爱又美丽。如果你深入地了解她，你会发现她是种顽强的小生命，只需要一点点水、阳光和土壤，就可以扎根于一个小小的花盆中，慢慢生长。她们或是充满文艺范儿的小清新女青年，或是爱卖萌的小萝莉，又或是狂野奔放的女汉子。多变又顽强的她们，成了很多家庭中必备的绿植。

　　让我们走近多内植物，细细了解她吧。

## 一、调查目的

　　1. 生命观念：通过观察多肉植物和询问工作人员多肉植物的养殖方法，培养生物的形态结构与其生活环境相适应的观念。

　　2. 科学探究：通过观察和比较多肉馆的植物，使学生初步掌握分类的一般方法。

　　3. 科学思维：通过对调查结果的整理和分析，培养学生归纳与概括统计的能力。

　　4. 社会责任：通过多肉食物拼盘活动，培养学生美学观念和生物与生物相互适应的观念。

## 二、确定研学内容

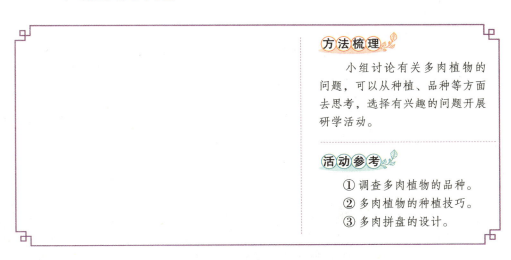

**方法梳理**

小组讨论有关多肉植物的问题，可以从种植、品种等方面去思考，选择有兴趣的问题开展研学活动。

**活动参考**

① 调查多肉植物的品种。
② 多肉植物的种植技巧。
③ 多肉拼盘的设计。

## 三、前期准备

### 1. 流程安排和人员分工

我们的流程和人员分工

**方法指导**

可以设计表格，注意流程要有具体内容，且要有拍照、记录、观察、整理等人员分工。

可以进行创意设计哦！

**2. 材料用具**

笔（签字笔和彩色笔）、放大镜、手机或照相机、录音笔。

## 四、实施研学过程

根据预先设计好的流程进行活动。

## 五、研学活动注意事项

**1. 了解多肉植物**

**方法梳理**

观察了解一种植物，一般可以采用以下方法。

**按部位观察法：** 先从整体上看，再按一定的顺序，从根、茎、枝、叶、果等方面，依次观察每个部位。

**分期观察法：** 要想比较全面地了解一种植物，需要按植物生长的过程做长期的观察。因为植物在自然界中发育、成长、开发、结果直至衰亡，各个时期的形态是不相同的。

**比较观察法：** 自然界中的植物繁多，千姿百态，有些形体相似的植物，只有通过比较，才能够辨别。

**温馨提示**

1. 观察时记得带上笔记本，小铅笔，放大镜。

2. 做观察记录也有多种多样的方法，比如表格式、文字式、画图式、照片式等。根据观察事物、观察条件的不同，我们可以选择不同的方法哦。当然也可以多种方法搭配使用。

**2. 动手设计多肉拼盘**

**小贴士**

在进行多肉拼盘创意设计时，我们得有一个鲜明的主题，然后根据这个主题展开设计。设计之后不要忘记给自己的多肉拼盘取一个名字哦。

**步骤一：** 准备植物、花器工具和材料。

A. 清洁毛刷　　　B. 园艺工具　　　C. 镊子　　　　D. 火山石

E. 营养土　　　　F. 花器　　　　　G. 植物　　　　H. 铺垫石

I. 鹿沼土

**步骤二：** 往花器底部加入大约1/3厚度的铺垫石作为排水透气层。如果容器很深，则还需要适当加厚一些，否则底部透气不足会发生根部窒息和腐烂。带孔花器底部有排水孔，更有益于透气。

**步骤三：** 加入配好的营养土（可以提供多肉生长所需要的营养，同时也能提供足够的透气排水性），加至花器的1/2左右的位置就可以了。其实多肉植物对营养要求不是很高，奢侈点，可以用进口赤玉土+日向石+桐生砂+泥炭按1：1：1：1的比例配，透气性很重要。

步骤四：取出准备好的植物，进行整理，摘下底部已经老化或者损坏、腐烂的叶片。

步骤五：按照自己的设想，借助工具和土，把植物固定在花器中。

步骤六：可以借助镊子将植物依次放入花器中。

步骤七：植物种好以后可以在表面铺上透气性较好的介质，大颗粒铺面除了好看还可以防止浇水时底土里的泥炭之类的细土溅到植物上影响品相。另外可以防虫防菌，纯颗粒土干得快，湿度低，不容易生虫生菌。

步骤八：用清洁毛刷来清理植物表面沾染的土，让植物更好看。

## 六、我的研学成长档案袋

研学第一站

研学第二站

研学第三站

研学第四站

 经验分享

我的研学新发现

我的研学纪念册
（照片粘贴）

关于多肉植物养护的研究报告

## 七、师生评价

| 内容 | 自评 | | | 互评 | | | 师评 | | |
|------|------|------|------|------|------|------|------|------|------|
| 等第评价 | 优 | 良 | 合格 | 优 | 良 | 合格 | 优 | 良 | 合格 |
| | | | | | | | | | |
| 改进之处 | | | | | | | | | |

## 八、拓展延伸

开展送多肉植物去敬老院、福利院等活动，装扮居住环境。

注意：

（1）先联系好相应的单位。

（2）做好前期调查，了解敬老院或福利院的环境，并设计好环境布置方案，用行动来践行关爱。

多肉拼盘一定要具有一定的主题，还要先考察拜访区域的环境适合什么样的搭配。

# 身边植物知多少

长沙市长郡雨花外国语学校　邓日霞

不必说碧绿的菜畦，光滑的石井栏，高大的皂荚树，紫红的桑葚；也不必说鸣蝉在树叶里长吟，肥胖的黄蜂伏在菜花上，轻捷的叫天子（云雀）忽然从草间直窜向云霄里去了。单是周围短短的泥墙根一带，就有无限趣味……这是鲁迅先生幼时的私塾与乐园。我们身边熟悉的某些区域又有哪些可爱的动物与植物呢？我们也可以进行调查。

## 一、调查目的

1. 生命观念：通过调查所在区域的生物，使学生认同生物的形态结构与其生活环境相适应的观念。

2. 科学探究：通过调查所在区域的生物，使学生初步掌握调查的一般方法。

3. 科学思维：通过对调查结果的整理和分析，培养学生归纳与概括统计的能力。

4. 社会责任：通过对所在区域的植物挂牌活动，培养学生热爱生物、关爱生命、保护环境的意识。

## 二、确定路线

**方法梳理**

画出所在区域的平面图，划分出多个不同的区域，每个小组选择一块区域进行调查。

## 三、前期准备

### 1. 人员分工

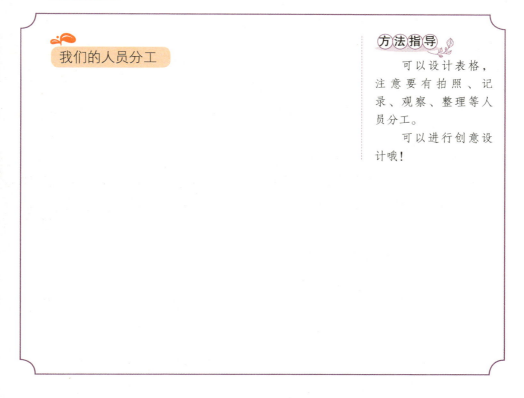

我们的人员分工

**方法指导**

可以设计表格，注意要有拍照、记录、观察、整理等人员分工。

可以进行创意设计哦！

**2. 材料用具**

（1）笔、望远镜、放大镜、手机（安装好形色识花APP）。

（2）设计调查表。

我们的特色调查表

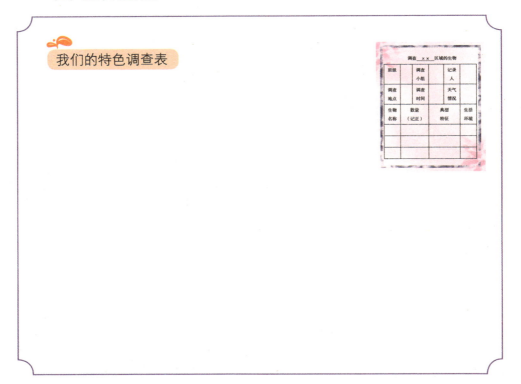

## 四、实施调查

根据预先设计好的路线或划分好的区域进行调查，注意边调查边将观察到的植物的名称、数量、典型特征、生活环境等如实记录到调查表上。

注意事项

1. 注意安全，不下水，不攀高，不单独行动。

2. 特别注意树皮、草丛和枯枝落叶等容易被忽视的幼小植物，以及营寄生的某些植物，调查要全面细致。

3. 爱护生物，不伤害、不破坏它们的生存环境。

## 五、整理结果

1. 以小组为单位，对调查到的生物进行归类。

（1）本小组共调查到_____种生物。

（2）根据植物的形态特征分类，其中木本植物有_____种，草本植物有_____种，藤本植物有_____种，其他植物有_____种。

（3）根据生活环境分类：生活在水中的有_____种，生活在陆地上的有_____种，可在空中生活的有_____种。

2. 将全班各个小组的调查结果进行整理，去重求和。

## 六、表达与交流

1. 在这次调查中，我们遇到了哪些困难？最后是如何解决的？

2. 在此次调查活动中，我们小组发生了哪些有意思的事情？有何收获？

## 七、师生评价

| 内容 | 自评 | | | 互评 | | | 师评 | | |
|---|---|---|---|---|---|---|---|---|---|
| | 优 | 良 | 合格 | 优 | 良 | 合格 | 优 | 良 | 合格 |
| 等第评价 | | | | | | | | | |
| 改进之处 | | | | | | | | | |

## 八、自我检测

1. 在调查校园生物时，以下同学的做法，正确的是（　　）。

A. 小军发现几株他不认识的植物，把它们拔出来，带回家研究

B. 小梅拨开草丛，一只蟋蟀蹦了出来，很快蹦到校园外面去了，小梅把它记录了下来

C. 小伟调查记录中有蚰蜓，其他同学都没有，决定把它删掉

D. 小明发现一只老鼠，太恶心了，不记录

2. 若想要查清学校总人数、各年级的人数、各班人数及男女生人数等情况，你认为应该采用哪种方法最快速、简单？（　　）

A. 调查法　　　B. 观察法　　　C. 实验法　　　D. 计数统计法

3. 下列各项关于调查方法的描述，不正确的是（　　）。

A. 森林资源的定期清查、人口普查都是常见的调查

B. 调查时首先要明确调查的目的和对象

C. 调查过程要如实记录，并仔细整理分析结果，有时还需要进行统计

D. 调查时要将所有对象都逐一调查

## 九、拓展延伸

请选择该区域中的特色植物进行个性化标牌设计，并进行挂牌。

注意：

1. 以下两点是必需的：

（1）学名，包含中文名、拉丁学名。

（2）所属科属。

2. 其他可选：特有价值，如药用、景观用、环境改善等。

突出观赏性的，可加上最佳观赏期（花期、果期）。

**让标牌具有自己的气息**

标牌形状、二维码、手工画、相关诗词、人生格言……

## 十、标牌展示

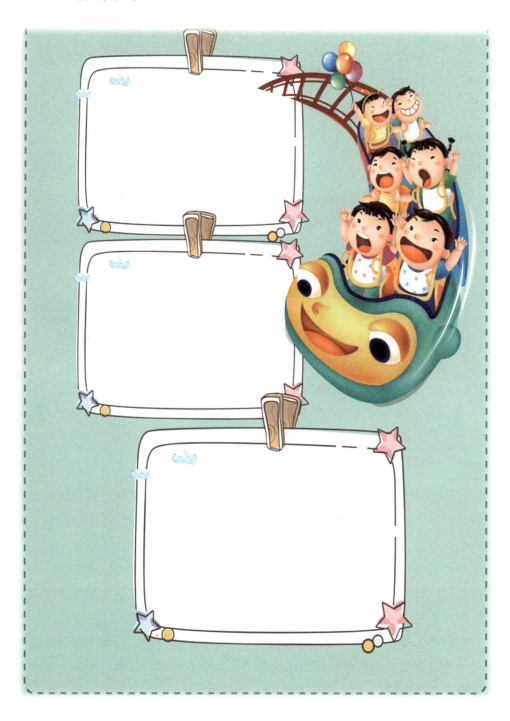

# 寻觅昆虫，探秘自然美学

长沙市雨花区雅境中学　吴　芳

你也许想不到，勤劳的蚂蚁竟然是残暴的掠夺者；而漂亮的螳螂依靠那一对弯钩和翅膀，能将庞大的猎物吓瘫；那种名叫"米诺多蒂菲"的甲虫是昆虫中忠诚夫妻的典范；美丽的大孔雀蝶是个结婚狂，它具备一种奇妙的天赋——能飞很长的距离，穿过黑暗，越过障碍，发现自己的意中人；看似笨拙的圣甲虫，竟是个能工巧匠；看似恶毒的朗格多克蝎，却对自己的孩子关爱有加，展现出如同人类母亲般的慈爱；穿着漂亮金色衣服的雌性金步甲，却是个同类相食、杀死自己丈夫的残酷杀手……

让我们共同深入探索昆虫的秘密吧。

## 一、调查目的

1. 生命观念：通过观察昆虫的口器和翅的差异，分析不同口器与取食方式的联系以及不同的翅与运动特点的关系，让学生认同生物的形态结构与其功能相适应的观念。

2. 科学探究：通过亲身体验捕捉昆虫并制作昆虫标本，引导学生仔细观察，尝试比较与分类；通过小组合作，整合调查的结果，使学生初步掌握调查的一般方法。

3. 科学思维：通过对调查结果的整理和分析，培养学生归纳与概括统计的能力；通过寻找合适的材料模拟昆虫的结构，动手创作创意画，训练学生的类比思维和创新思维。

4. 社会责任：通过对昆虫的观察和分类，认识昆虫的多样性，培养学生热爱生物、关爱生命、保护生物多样性的意识。

## 二、确定路线

**方法梳理**

画出所在区域的平面图，划分出多个不同的区域，每个小组选择一块区域进行调查。

## 三、前期准备

### 1. 人员分工

我们的人员分工

**方法指导**

可以设计表格，注意要有拍照、捕虫、查资料、记录、观察、整理等人员分工。可以进行创意设计哦！

**2. 材料用具**

（1）白色硬纸板、水彩笔、小刀、袋子、捕虫网、昆虫观察盒、昆虫针、毒瓶、手机、笔、本子等。

（2）设计调查表。

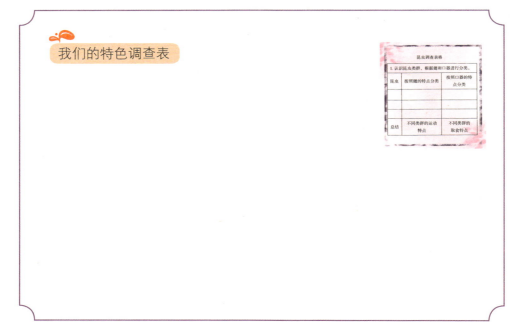

我们的特色调查表

## 四、实施调查

根据预先设计好的路线或划分好的区域进行调查，每组一部分学生用手机拍摄不同昆虫的照片，另一部分学生尝试捕捉不同的昆虫，放置在观察盒中。调查完后，观察昆虫的形态结构特征，如翅和口器的特点。查找资料，确定昆虫的名称，完成调查表格。

注意事项

1. 注意安全，不下水，不攀高，不单独行动。

2. 出发前先听老师讲解捕虫网、昆虫观察盒的使用方法。制作昆虫标本前，先学习方法。

3. 爱护生物，不伤害、不破坏它们的生存环境；每种昆虫抓1~2只即可。

## 五、整理结果

1. 以小组为单位，对调查的昆虫进行归类。

（1）本小组共调查到_____种昆虫。

（2）根据昆虫翅的特点分类，膜翅目的有_____种，鞘翅目的有_____种，鳞翅目的有_____种，直翅目的有_____种，其他的有_____种。

（3）根据昆虫口器的特点分类：具有咀嚼式口器的有_____种，具有刺吸式口器的有_____种，具有虹吸式口器的有_____种，具有嚼吸式口器的有_____种，具有舐吸式口器的有_____种。

2. 将全班各个小组的调查结果进行整理，去重求和，一共调查到_____种昆虫。

## 六、表达与交流

1. 在这次调查中，我们遇到了哪些困难？最后是如何解决的？

2. 昆虫不同的翅是怎样与运动相适应的？不同的口器是怎样与取食相适应的？

## 七、师生评价

| 内容 | 自评 | | | 互评 | | | 师评 | | |
|------|------|------|------|------|------|------|------|------|------|
| 等第评价 | 优 | 良 | 合格 | 优 | 良 | 合格 | 优 | 良 | 合格 |
| | | | | | | | | | |
| 改进之处 | | | | | | | | | |

## 八、自我检测

1.（2019年中考题）为了给建国70周年献礼，某校学生利用生活中的常见物品创作了各种栩栩如生的动物作品，以下四位同学的作品中，不是昆虫的是（    　　）。

A.    B.    C.    D.

2. 在枣树、柑橘等一些果树叶片的背面常常"潜伏"着一种叫绿刺蛾的幼虫，它们会"偷袭"闯入它"领地"的人，使其皮肤一下子红肿，又痛、又痒、又辣，所以俗名又叫"洋辣子"，它的发育过程如图所示。以下关于绿刺蛾的说法错误的是（    　　）。

卵　　　幼虫　　　蛹　　　　　成虫

A. 绿刺蛾的绿色是一种保护色

B. 绿刺蛾的发育方式为不完全变态发育

C. 绿刺蛾的发育方式为完全变态发育

D. 绿刺蛾属于节肢动物门中的昆虫纲

3. 某组同学在绿叶上发现了一只黑底白星点的昆虫，通过手机查找资料确认它叫星天牛（见下图）。"说它是牛，有翅膀，两条辫子比身长，危害果木实在坏！人人叫它'锯木郎'"。黝黑的铠甲是它的前翅，坚硬有力；它的上颚和下颚都很强壮，如镰刀般锋利。根据自身观察，结合资料描述，请判断星天牛的翅和口器所属的类型。（    　　）

A. 鞘翅　　　嚼吸式

B. 鞘翅　　　咀嚼式

C. 直翅　　　嚼吸式

D. 直翅　　　咀嚼式

## 九、拓展延伸

**创意画虫：留住大自然的美**

请选择一种自己感兴趣的昆虫，寻找合适的材料模拟昆虫的某个结构，再形成完整的画。

注意：

1. 创意画寻找的材料只要与昆虫的某个结构相似即可，不需要模拟整体，其余部分用画来完善。

2. 所选的材料最好来源于生活，注意美观性的同时，也要讲究科学性，最好每幅画都配上相应的文字说明，如相关的诗词、创作思路、特征描述或小故事等。

十、画虫展示